PONS

Schreiben üben RUSSISCH

Ihr praktisches Schrifttraining

von
Dr. Manfred Schruba
Alek Junikow

Ernst Klett Sprachen GmbH
Barcelona • Belgrad • Budapest • Ljubljana • London • Posen • Prag • Sofia
Stuttgart • Zagreb

PONS
Schreiben üben
RUSSISCH

Ihr praktisches Schrifttraining

von
Dr. Manfred Schruba
Alek Junikow

Auflage A1 5 4 3 2 / 2010 2009 2008 2007

Internet: www.pons.de
E-Mail: info@pons.de

Redaktion: Angelique Slaats
Logoentwurf: Erwin Poell, Heidelberg
Logoüberarbeitung: Sabine Redlin, Ludwigsburg
Einbandgestaltung: Schmidt & Dupont
Titelfoto links: istockphoto.com
Titelfoto rechts: Vlado Golub, Stuttgart
Layout: Fotosatz Kaufmann, Stuttgart
Satz: Fotosatz Kaufmann, Stuttgart; Satz und mehr, Besigheim
Druck: Legoprint
Printed in Italy.
ISBN: 978-3-12-561308-9

Inhaltsverzeichnis

Russische Schrift und ihre Geschichte

Russisch ist eine ostslawische Sprache indoeuropäischen Ursprungs, deren Schrift (Kyrillica) im späten 9. Jahrhundert von den Mönchen Kyrillos (826/827 – 869) und Methodios (816 – 885) entwickelt und zunächst im makedonisch-bulgarischen Sprachraum verwendet wurde. Die Verbreitung des kyrillischen Alphabets fand im Zuge der Christianisierung der Ostslawen im Jahr 988 statt. Die meisten Buchstaben wurden aus dem griechischen Alphabet (Unzialschrift) übernommen. Für die spezifisch slawischen Laute wurden Zeichen aus der glagolitischen Schrift (Glagolica) verwendet, die einige Zeit vor der Kyrillica von Kyrillos entwickelt wurde. Nach dem Tod der Brüder Kyrillos und Methodios wurde die Kyrillica von ihrem Schüler Klement von Ohrid (ca. 840 – 916) weiter ausgearbeitet.

Um 1700 wurde die kyrillische Schrift im Zuge der Reformen Peters des Großen (1672 – 1725, Zar 1682 – 1725) im Russischen Reich vereinfacht und optisch an die lateinische Schrift angepasst. Die latinisierten Buchstabenformen, die sich von der kirchenslawischen Schrift unterschieden, wurden zur Grundlage der normativen Orthographie des Russischen. Allerdings wurden in der kyrillischen Schrift im Gegensatz zur lateinischen Schrift nur selten beigefügte Akzente, Punkte oder ähnliches verwendet, sondern eher ganz neue Buchstabenformen. Im Zuge anderer Reformen, die Peter der Große während seiner Herrschaft durchführte, wurde die Anzahl der Buchstaben im russischen Alphabet ständig reduziert.

Die letzte große Rechtschreibreform erfolgte 1918; dabei wurden einige durch die Lautentwicklung nicht mehr notwendige Schriftzeichen abgeschafft. Die heutige Orthographie, die im Wesentlichen dem phonologischen Prinzip folgt, wurde weitgehend durch diese Rechtschreibreform festgelegt. Die Reform war auch dafür maßgebend, dass das moderne russische Alphabet heute aus 33 Buchstaben besteht.

Die russische Sprache verfügt neben einem alten gemeinslawischen, ostslawischen Wortbestand und einigen Wörtern, die nur im Russischen vorkommen, über eine Reihe von Lehnwörtern aus dem Griechischen, Lateinischen, Deutschen, Französischen und den Turksprachen. Daneben gibt es Entlehnungen aus den skandinavischen Sprachen, dem Niederländischen und zunehmend aus dem Englischen. Heute bedienen sich der kyrillischen Schrift Russisch, Ukrainisch, Weißrussisch, Bulgarisch, Serbisch, Mazedonisch sowie einige zentralasiatische Sprachen (z.B. Kasachisch).

Außerdem wurde die kyrillische Schrift in einer Reihe nichtslawischer Gebiete der ehemaligen Sowjetunion eingeführt, die zum Teil erstmals eine Schriftsprache erhielten.

Russisches Alphabet auf einen Blick

Das Alphabet der kyrillischen Schriftzeichen besteht aus 33 Buchstaben, von denen 10 Vokal- und 21 Konsonantbuchstaben sind. Daneben gibt es noch zwei "besondere" Buchstaben: das harte Zeichen ъ (*rus.:* твёрдый знак) und das weiche Zeichen ь (*rus.:* мягкий знак). Sie haben keinen eigenen Lautwert, sondern geben an, wie der vorangehende Konsonant auszusprechen ist: hart oder weich.

Druckschrift	Schreibschrift	Buchstabennamen		Aussprache
		auf Russisch	auf Deutsch	
А, а	Аа	А	a	[a] (wie a in *aber*)
Б, б	Бб	Бэ	bä (ä dumpf und überall kurz)	[bɛ] (wie b in *Buch*)
В, в	Вв	Вэ	wä	[vɛ] (wie w in *Wagen*)
Г, г	Гг	Гэ	gä	[gɛ] (wie g in *Garten*)
Д, д	Дд	Дэ	dä	[dɛ] (wie in *Dach*)
Е, е	Ее	Е	jä	[je] (wie je in *jedoch*)
Ё, ё	Ёё	Ё	jo	[jɔ] (wie jo in *Johannisbeere*)
Ж, ж	Жж	Жэ	schä	[ʒɛ] (stimmhaftes sch wie in *Etage*)
З, з	Зз	Зэ	sä	[zɛ] (stimmhaftes s wie in *Rose*)
И, и	Ии	И	i	[i] (wie i in *Igel*)
Й, й	Йй	И кра́ткое	i kratkoje	[j] (wie i in *Mai*)
К, к	Кк	Ка	ka	[ka] (wie k in *Kunst*)
Л, л	Лл	Эл	äl	[ɛl] (wie l in *Lampe*)
М, м	Мм	Эм	äm	[ɛm] (wie m in *Maus*)
Н, н	Нн	Эн	än	[ɛn] (wie n in *Name*)
О, о	Оо	О	o	[ɔ] (wie o in *rot*)

П, п	*Пп*	Пэ	pä	[pɛ] (wie p in *Post*)
Р, р	*Рр*	Эр	är (r mit der Zungenspitze gerollt)	[ɛr] (wie r in *Riese*)
С, с	*Сс*	Эс	äs (s stimmlos wie s in *Muße*)	[ɛs] (stimmloses s wie in *Fluss*)
Т, т	*Тт*	Тэ	tä	[tɛ] (wie t in *Tag*)
У, у	*Уу*	У	u	[u] (wie u in *Uhu*)
Ф, ф	*Фф*	Эф	äf	[ɛf] (wie f in *Foto*)
Х, х	*Хх*	Ха	cha	[xa] (wie ch in *Dach*)
Ц, ц	*Цц*	Цэ	tsä	[tsɛ] (wie z in *Zeit*)
Ч, ч	*Чч*	Че	tschä	[tʃɛ] (wie tsch in *Deutsch*)
Ш, ш	*Шш*	Ша	scha	[ʃa] (wie sch in *schon*)
Щ, щ	*Щщ*	Ща	scha (Zischlaut, „weich“ und länger als ш)	[ʃtʃa] (etwa wie “schtsch” aber weich)
ъ	*ъ*	твёрдый знак	twjordyj snak, hartes Zeichen	kein selbstständiger Laut, vorheriger Konsonant wird hart ausgesprochen
ы	*ы*	ы	ü mit Lippenstellung wie bei deutschem i	[ɨ] keine Entsprechung, nie am Wortanfang
ь	*ь*	мя́гкий знак	mjachkij snak, weiches Zeichen	kein selbstständiger Laut, vorheriger Konsonant wird weich ausgesprochen
Э, э	*Ээ*	Э	Ä	[ɛ] (wie ä in *Eda, Ätna*)
Ю, ю	*Юю*	Ю	Ju	[ju] (wie ju in *Juni*)
Я, я	*Яя*	Я	Ja	[ja] (wie ja in *Jahr*)

Betonungszeichen der russischen Schrift

Die Betonung im Russischen wird mit dem Betonungszeichen ´ über dem betonten Vokal gekennzeichnet: ма́ма, те́ма. Der russische Wortakzent ist beweglich. Man muss sich deshalb beim Lernen von Vokabeln auch die Betonung merken. Durch die falsche Betonung kann der Wortsinn verändert werden oder das Wort wird unverständlich.
Das Setzen der Betonung macht man nur zu Lehrzwecken. In russischen Texten für Muttersprachler verzichtet man auf Betonungszeichen. In kurzen Wörtern mit einem Vokal (z.B. такт) oder dem Buchstaben ё findet man ebenfalls kein Betonungszeichen, da die Betonung automatisch auf den Vokal bzw. auf ё gelegt wird.

Lernen Sie die russischen Buchstaben auf der Computertastatur kennen!

Diese Buchstaben kennen Sie schon

Schauen Sie sich folgende Buchstaben an. Sie ähneln den deutschen Buchstaben A, E, K, M, O, T. Versuchen Sie die Buchstaben in die Felder in Druck- und Schreibschrift zu schreiben.

А а	А а	А а	А а	А а	А а	А а
Аа	*А а*	*А а*	*А а*	*А а*	*А а*	*А а*
Е е	Е е	Е е	Е е	Е е	Е е	Е е
Ее	*Е е*	*Е е*	*Е е*	*Е е*	*Е е*	*Е е*
К к	К к	К к	К к	К к	К к	К к
Кк	*К к*	*К к*	*К к*	*К к*	*К к*	*К к*
М м	М м	М м	М м	М м	М м	М м
Мм	*М м*	*М м*	*М м*	*М м*	*М м*	*М м*
О о	О о	О о	О о	О о	О о	О о
Оо	*О о*	*О о*	*О о*	*О о*	*О о*	*О о*
Т т	Т т	Т т	Т т	Т т	Т т	Т т
Тт	*Т т*	*Т т*	*Т т*	*Т т*	*Т т*	*Т т*

Aussprachetraining: Die Buchstaben **Аа**, **Кк**, **Мм**, **Оо** und **Тт** werden im Russischen genauso ausgesprochen wie im Deutschen.
Е, **е** wird am Wortanfang, nach einem Vokal und ь/ъ mit j-Anlaut ausgesprochen /je/: éхать /jechat'/(fahren), объéкт /ob"jekt/ (Objekt), карьéра /kar'jera/ (Karriere).

Lesen und schreiben Sie die Wörter in Druck- und Schreibschrift.

Hier sehen Sie Wörter, die Sie aus dem Deutschen bereits kennen (z.B. áтом - Atom, комéта - Komet). In der linken Spalte finden Sie die Druckschrift und in der rechten können Sie die Schreibschrift üben.

áтом	áтом	*атом*	атом
мáма	мáма	*мама*	мама
мóкко	мóкко	*мокко*	мокко
томáт	томáт	*томат*	томат
такт	такт	*такт*	такт
тéма	тéма	*тема*	тема
какáо	какáо	*какао*	какао
комéта	комéта	*комета*	комета

Aufgepasst!

Das Schriftbild des Kleinbuchstaben „т" sollten Sie nicht mit dem lateinischen „m" verwechseln:
Lat. Schrift: T t
Kyrill. Druckschrift: **Т т**
Kyrill. Schreibschrift: *Т т*

Diese Wörter haben Sie bereits in der Übung davor geübt! Ergänzen Sie den fehlenden Buchstaben und schreiben Sie das Wort in Schreibschrift neu:

1. т а.к.т такт
2. а.т.ом атом
3. т.е́.ма тема
4. к.о.мета комета
5. к.а.као какао
6. ма.м.а мама
7. м.о́.кко мокко
8. том.а.т томат

Lösung: 1. *такт* 2. *атом* 3. *тема* 4. *комета* 5. *какао* 6. *мама* 7. *мокко* 8. *томат*

Schauen Sie sich die Bilder an und versuchen Sie die Begriffe im Wortgitter wiederzufinden. Kreisen Sie die Wörter ein.

Mutter

Komet

Atom

Kakao

Tomate

Bitte schreiben Sie die Wörter noch einmal auf, die Sie im Wortgitter gefunden haben:

мама
комета
атом
какао
томат

м	á	т	о	а	т
а	т	о	к	о	á
к	о	м	т	о	о
á	м	á	м	а	á
т	о	т	к	а	к
к	о	м	é	т	а
о	т	á	а	т	к

Wandeln Sie die Namen in russische Schreibschrift um:

1. Óтто Óтто
2. Мóмо Мóмо
3. Тóма* Тóма
4. Том Том
5. Тéо Тéо

(*Тóма ist eine Kurzform des Namen Tamara.)

Lösung: 1. Отто 2. Момо 3. Тома 4. Том 5. Тео

Schreiben Sie die untenstehenden Wörter in Schreibschrift. Vorsicht, einige von Ihnen sind Eigennamen. Beachten Sie dabei Klein- und Großschreibung:

Tipp: Substantive (ausgenommen Eigennamen, geographische Namen u.ä.) werden im Russischen im Gegensatz zum Deutschen stets kleingeschrieben.

1. TÉMA, 2. ÓTTO, 3. MÁMA, 4. ÁTOM, 5. OKÁ, 6. TOM, 7. MÓKKO, 8. MÉKKA, 9. TAKT, 10. KÁMA

тéма	Том
Óтто	мóкко
мáма	Мéкка
áтом	такт
Окá	Кáма

Lösung: 1. тема, 2. Отто, 3. мама, 4. атом, 5. Ока, 6. Том, 7. мокко, 8. Мекка, 9. такт, 10. Кама

Bringen Sie die Buchstaben in die richtige Reihenfolge. Schreiben Sie die Wörter in Druck- oder Schreibschrift:

Diese Buchstaben ergeben Wörter, die Sie in den Übungen davor bereits kennen gelernt haben. Achten Sie auf Groß- und Kleinschreibung!

1. К О А К А какао
2. М Т О А Т томат
3. О А К Ока
4. Т Е А М тема
5. Т К А Т такт
6. М К Е К А Мекка
7. А М Т О атом
8. А М А М мама
9. Т О Т О Отто
10. О М К К О мокко
11. К О М Т А Е комета
12. К А А М Кама

Lösung: 1. какао 2. томат 3. Ока 4. тема 5. такт 6. Мекка 7. атом 8. мама 9. Отто 10. мокко 11. комета 12. Кама

In folgende russische Wörter haben sich deutsche Buchstaben „eingeschlichen". Schreiben Sie die Wörter richtig auf:

1. *томаt* томат
2. *мокка* мокко
3. *kakao* какао
4. *amom* атом
5. *Otmo* Отто
6. *мата* мама
7. *tема* тема
8. *комете* комета
9. *takm* такт
10. *Тота* Тома

Lösung: 1. томат 2. мокко 3. какао 4. атом 5. Отто 6. мама 7. тема 8. комета 9. такт 10. Тома

Falsche Freunde

Vorsicht bei den folgenden sechs Buchstaben! Sie haben im russischen Alphabet zwar dieselbe Gestalt wie die lateinischen Buchstaben, werden aber anders gesprochen. Aber keine Sorge, nach einigen Übungen werden Sie die russischen Buchstaben mit den Deutschen nicht mehr verwechseln!

В в	В в	В в	В в	В в	В в	В в
Вв	*В в*	*В в*	*В в*	*В в*	*В в*	*В в*
Н н	Н н	Н н	Н н	Н н	Н н	Н н
Нн	*Н н*	*Н н*	*Н н*	*Н н*	*Н н*	*Н н*
Р р	Р р	Р р	Р р	Р р	Р р	Р р
Рр	*Р р*	*Р р*	*Р р*	*Р р*	*Р р*	*Р р*
С с	С с	С с	С с	С с	С с	С с
Сс	*С с*	*С с*	*С с*	*С с*	*С с*	*С с*
У у	У у	У у	У у	У у	У у	У у
Уу	*У у*	*У у*	*У у*	*У у*	*У у*	*У у*
Х х	Х х	Х х	Х х	Х х	Х х	Х х
Хх	*Х х*	*Х х*	*Х х*	*Х х*	*Х х*	*Х х*

Aussprachetraining:

В, в w (wie in *Wasser*)
Н, н n (wie in *Nase*)
Р, р r (wie in *Riese*)
С, с s (wie in *Sorte*)
У, у u (wie in *U-Bahn*)
Х, х ch (wie in *Bach*)

Schauen Sie sich die Bilder an. Erkennen Sie die Gegenstände? Schreiben Sie das russische Wort jeweils in Druck- und in Schreibschrift daneben.

вáта вáта

вата вáта

вáнна вáнна

ванна вáнна

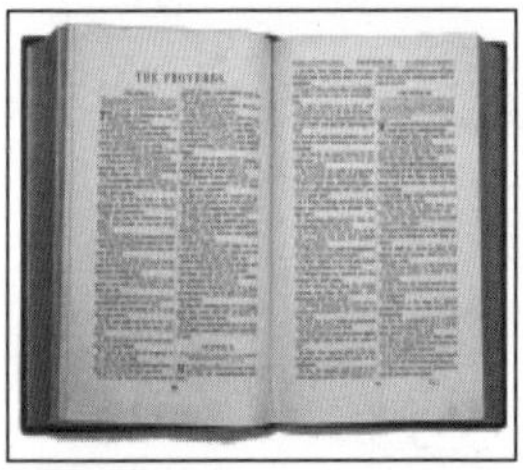

ромáн ромáн

роман ромáн

рок рок

рок рок

ананáс ананáс

ананас ананáс

Lesen und schreiben Sie die Wörter in Druck- und Schreibschrift:

Auch diese Wörter sind Ihnen aus dem Deutschen bekannt. Achten Sie besonders auf den Wortstamm der russischen Wörter und leiten Sie sich dann die Übersetzung her:
вата – Watte, ванна – Wanne, нота – Note usw.

ва́та	ва́та ва́та	*вата*	вата
ва́нна	ва́нна ва́нна	*ванна*	ванна
но́та	но́та но́та	*нота*	нота
рома́н	рома́н рома́н	*роман*	роман
рок	рок рок	*рок*	рок
ма́рка	ма́рка ма́рка	*марка*	марка
старт	старт старт	*старт*	старт
anана́с	anана́с anана́с	*ананас*	ананас
су́мма	су́мма су́мма	*сумма*	сумма
ва́куум	ва́куум ва́куум	*вакуум*	вакуум
хара́ктер	хара́ктер хара́ктер	*характер*	характер

Wortschatz:

е́вро – *Euro* автома́т – *Automat* ма́рка – *Briefmarke* а́втор – *Autor*
Москва́ – *Moskau*

Schreiben Sie die Wörter in Schreibschrift in alphabetischer Reihenfolge:

Москва́, ко́смос, хара́ктер, старт, ва́нна, рок, анана́с, ва́куум

анана́с	Москва́
ва́куум	рок
ва́нна	старт
ко́смос	хара́ктер

Lösung: ананас, вакуум, ванна, космос, Москва, рок, старт, характер

Ergänzen Sie den fehlenden Buchstaben und schreiben Sie das Wort neu:

.с.тарт старт	.в.анна ванна
ро.к. рок	ма.р.ка марка
рома.н.. роман	с.у.мма сумма
ваку.у.м вакуум	.в.ата вата
.х.арактер характер	ана.н.ас ананас

Lösung: старт, ванна, рок, марка, роман, сумма, вакуум, вата, характер, ананас

Bringen Sie die Buchstaben in richtige Reihenfolge. Schreiben Sie die Wörter in Schreibschrift. Achten Sie dabei auf Groß- und Kleinschreibung:

1. У С М М А сумма	7. О К Р рок
2. В А Т О М А Т автомат	8. Р О Н М А роман
3. В А А Н Н ванна	9. С Т А Т Р старт
4. М О К С В А Москва	10. А Т О Р В автор
5. Е Р О В евро	11. К О М О С С космос
6. Е М А Т тема	12. А Н О Т нота

Lösung: 1. сумма, 2. автомат, 3. ванна, 4. Москва, 5. евро, 6. тема, 7. рок, 8. роман, 9. старт, 10. автор, 11. космос, 12. нота

Suchen Sie die Wortpaare, die thematisch zueinander passen, und schreiben Sie diese in Schreibschrift hin:

ромáн–áвтор	хор–нóта	сýмма–éвро
кóсмос–комéта	рок–такт	тéма–ромáн
какáо–мóкко	харáктер–стáрт	áтом–вáкуум
Москвá–éвро	мáрка–сýмма	Óтто-Том

ромáн - áвтор; кóсмос - комéта;
какáо - мóкко; хор - нóта; рок - такт;
сýмма - éвро; тéма - ромáн;
áтом - вáкуум; Óтто - Том

Lösung: роман-автор, космос-комета, какао-мокко, хор-нота, рок-такт, сумма-евро, тема-роман, атом-вакуум, Отто-Том

Bekannte Laute – neue Buchstaben

Und weiter geht's mit dem Alphabet. Diesmal geht es um Buchstaben, die genauso klingen wie lateinische Buchstaben, aber auf Kyrillisch anders geschrieben werden.

Б б	Б б	Б б	Б б	Б б	Б б	Б б
Бб	*Б б*	*Б б*	*Б б*	*Б б*	*Б б*	*Б б*
Г г	Г г	Г г	Г г	Г г	Г г	Г г
Гг	*Г г*	*Г г*	*Г г*	*Г г*	*Г г*	*Г г*
Д д	Д д	Д д	Д д	Д д	Д д	Д д
Дд	*Д д*	*Д д*	*Д д*	*Д д*	*Д д*	*Д д*
З з	З з	З з	З з	З з	З з	З з
Зз	*З з*	*З з*	*З з*	*З з*	*З з*	*З з*

Aussprachetraining:

Б, б b (wie in *Bruder*)
Г, г g (wie in *Granate*)
Д, д d (wie in *Dame*)
З, з s (wie in *sausen*)

Lesen und schreiben Sie die Wörter in Druck- und Schreibschrift:

банк *банк* Банк
бана́н *бана́н* Бана́н
грунт *грунт* ГРУНТ
гаре́м *гаре́м* гаре́м

банк *банк*
банан *банан*
грунт *грунт*
гарем *гарем*

дра́ма дра́ма | *драма* дра́ма

доку́ме́нт доку́ме́нт | *документ* докуме́нт

ва́за ва́за | *ваза* ва́за

газ газ | *газ* газ

Finden Sie das richtige Wort in Druckbuchstaben und schreiben Sie es in die rechte Spalte:

> **Tipp:** Den Kleinbuchstaben д werden Sie in der Schreibschrift auch als ∂ bzw. ∂ wiederfinden.

1.

дуб	зуб дуб друг	дуб

2.

драма	да́ма да́та дра́ма	дра́ма

3.

банда	ба́нда да́мба Ва́нда	ба́нда

Lösung: 1. дуб, 2. драма, 3. банда

Hier geht es weiter mit bekannten Lauten und neuen Buchstaben!

И и	И и	И и	И и	И и	И и	И и
И и	и и	и и	и и	и и	и и	и и
Й й	Й й	Й й	Й й	Й й	Й й	Й й
Й й	й й	й й	й й	й й	й й	й й
Л л	Л л	Л л	Л л	Л л	Л л	Л л
Л л	л л	л л	л л	л л	л л	л л
П п	П п	П п	П п	П п	П п	П п
П п	п п	п п	п п	п п	п п	п п
Ф ф	Ф ф	Ф ф	Ф ф	Ф ф	Ф ф	Ф ф
Ф ф	ф ф	ф ф	ф ф	ф ф	ф ф	ф ф

Lesen und schreiben Sie die Wörter in Druck- und Schreibschrift:

инсти́нкт ИНСТИ́НКТ — *инстинкт* инсти́нкт

диа́метр ДИА́МЕТР — *диаметр* диа́метр

йогу́рт ЙОГУ́РТ — *йогурт* йогу́рт

ма́й МА́Й — *май* май

ло́гика ЛО́ГИКА — *логика* ло́гика

кли́мат КЛИ́МАТ — *климат* кли́мат

президе́нт	президе́нт	*президент*	президе́нт
гру́ппа	гру́ппа	*группа*	гру́ппа
фи́рма	фи́рма	*фирма*	фи́рма
футбо́л	футбо́л	*футбол*	футбо́л

Aussprachetraining:

И, **и** i (wie in *Minute*)
Й, **й** j (wie in *Jod*)
Л, **л** l (wie in *Lampe*)
П, **п** p (wie in *Papa*)
Ф, **ф** f (wie in *Form*)

Lesen Sie die Wörter genau durch. Wählen Sie Gegenstände aus, die zu einer Wohnungseinrichtung passen. Schreiben Sie diese hin:

ла́мпа, телеви́зор, таба́к, телефо́н, кроко́ди́л, авто́бус, ра́дио, комо́д, флаг, дива́н

ла́мпа
телеви́зор
телефо́н
ра́дио
комо́д
дива́н

Lösung: *лампа, телевизор, телефон, радио, комод, диван*

Wählen Sie Wörter aus, die verschiedene Lebensmittel benennen. Schreiben Sie diese in Schreibschrift hin. Vorsicht, darunter sind auch Gegenstände, die keine Lebensmittel sind:

ананáс, кóфе, банáн, вáза, ромáн, бутербрóд, томáт, йогýрт, какáо, вáта.

ананáс	томáт
кóфе	йогýрт
банáн	какáо
бутербрóд	

Lösung: ананас, кофе, банан, бутерброд, томат, йогурт, какао

Vervollständigen Sie die Wörter und schreiben Sie diese noch einmal in Druckschrift ab:

грýп.л.а группа	к.л.ймат климат
мá.и.. мáи	лóг.и.ка лóгика
.ф.úрма фирма	.й.огýрт йогурт
прези.д.éнт президéнт	инст.и.нкт инстинкт
фут.б.óл футбол	диáме.т.р диóметр

Lösung: группа, климат, май, логика, фирма, йогурт, президент, инстинкт, футбол, диаметр

Wortschatzkästchen
группа – *Gruppe* климат – *Klima* май – *Mai* логика – *Logik* фирма – *Firma*
йогурт – *Joghurt* президент – *Präsident* инстинкт – *Instinkt* футбол – *Fußball*
диаметр – *Durchmesser*

Geben Sie die Wörter in Schreibschrift wieder und nennen Sie das deutsche Äquivalent:

Im Russischen finden Sie viele Lehnwörter, die aus dem Griechischen, Deutschen, Französischen usw. sowie zunehmend aus dem Englischen stammen. Hier finden Sie einige Beispiele.

бизнесме́н (englisch)	бутербро́д (deutsch)
бизнесме́н	бутербро́д

па́ста (italienisch)	прое́кт (lateinisch)
па́ста	прое́кт

ко́фе (arabisch)	пуло́вер (englisch)
ко́фе	пуло́вер

комо́д (französisch)	ло́гика (griechisch)
комо́д	ло́гика

кимоно́ (japanisch)	при́нтер (englisch)
кимоно́	при́нтер

архи́в (lateinisch)	ико́на (griechisch)
архи́в	ико́на

„Zischlaute“

Eine weitere Besonderheit des russischen Alphabets sind spezielle grafische Zeichen für die umgangssprachlich so genannten Zischlaute. Es handelt sich dabei um bestimmte Frikative bzw. Reibelaute (ж, ш, щ) sowie um bestimmte Affrikaten (ц, ч). Der Begriff Affrikate bezeichnet die unmittelbare Verbindung eines Verschlusslautes mit einem Reibelaut, in diesem Falle – eines t mit einem s (t + s = ts / ц) sowie eines t mit einem sch (t + sch = tsch / ч). Üben Sie zuerst die Aussprache, bevor Sie mit dem Schrifttrainig beginnen.

Ж ж	Ж ж	Ж ж	Ж ж	Ж ж	Ж ж	Ж ж
Ж ж	*Ж ж*	*Ж ж*	*Ж ж*	*Ж ж*	*Ж ж*	*Ж ж*
Ц ц	Ц ц	Ц ц	Ц ц	Ц ц	Ц ц	Ц ц
Ц ц	*Ц ц*	*Ц ц*	*Ц ц*	*Ц ц*	*Ц ц*	*Ц ц*
Ч ч	Ч ч	Ч ч	Ч ч	Ч ч	Ч ч	Ч ч
Ч ч	*Ч ч*	*Ч ч*	*Ч ч*	*Ч ч*	*Ч ч*	*Ч ч*
Ш ш	Ш ш	Ш ш	Ш ш	Ш ш	Ш ш	Ш ш
Ш ш	*Ш ш*	*Ш ш*	*Ш ш*	*Ш ш*	*Ш ш*	*Ш ш*
Щ щ	Щ щ	Щ щ	Щ щ	Щ щ	Щ щ	Щ щ
Щ щ	*Щ щ*	*Щ щ*	*Щ щ*	*Щ щ*	*Щ щ*	*Щ щ*

Ausspracheтraining:

Ж, **ж** j (wie in *Jury*)
Ш, **ш** sch (wie in *Scheibe*)
Щ, **щ** wie weiches ш
Ч, **ч** tsch (wie in *Tschechien*)
Ц, **ц** z (wie in *Zentrum*)

Übersetzungshilfe:

цирк – *Zirkus* чай – *Tee* что? – *was?* борщ – *Kohlsuppe*

Lesen und schreiben Sie die Wörter in Druck- und Schreibschrift:

жира́ф жира́ф	*жираф* жира́ф
инжене́р инжене́р	*инженер* инжене́р
марципа́н марципа́н	*марципан* марципа́н
цирк цирк	*цирк* цирк
чай чай	*чай* чай
что что	*что* что
шеф шеф	*шеф* шеф
шокола́д шоко́лад	*шоколад* шоколад
борщ Борщ	*борщ* борщ

Gut zu wissen: Das russische Fragewort *что*? (was?) wird anders ausgesprochen als geschrieben. Man sagt „*што*".

Russland-Quiz: Lösen Sie das Kreuzworträtsel.

1. Russisches Zupfinstrument
2. Hauptstadt Russlands
3. Beliebtes heißes Getränk
4. Verbreitetes Alkoholgetränk
5. Großmutter oder ältere Frau
6. Russische Kohlsuppe
7. Traditioneller Kessel zum Teekochen
8. Ferienhaus auf dem Lande

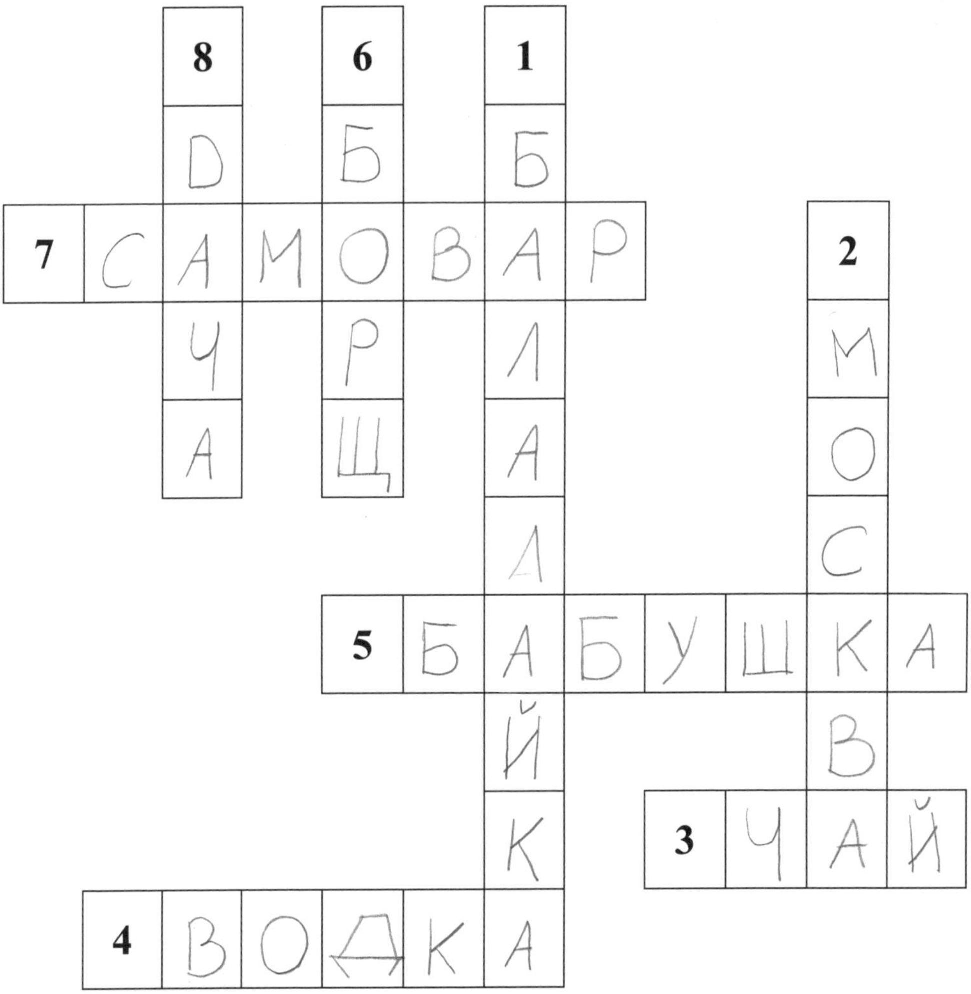

Lösung: 1. балалайка, 2. Москва, 3. чай, 4. водка, 5. бабушка, 6. борщ, 7. самовар, 8. дача

Finden Sie das richtige Wort in Druckbuchstaben und schreiben Sie das Wort in die rechte Spalte:

> **Tipp:** Als handschriftliche Eigenart der Kleinbuchstaben т und м findet man die Schreibvarianten:
>
> *т̄* - *т*
>
> *ш̲* - *ш*
>
> Der Strich über bzw. unter dem Buchstaben dient der handschriftlichen Unterscheidung der Buchstaben voneinander.

шашка	Ма́шка	
	пта́шка	
	ша́шка	
тишина	маши́на	
	нижина́	
	тишина́	
дума	дуга́	
	душа́	
	ду́ма	
шишка	ми́шка	
	ши́шка	
	шу́тка	
душа	душа́	
	Ди́ма	
	ду́ма	

Lösung: шашка, тишина, дума, шишка, душа

Fünf besondere Vokale

Hier werden Sie die letzten Vokale des russischen Alphabets kennen lernen. Einige von ihnen entsprechen den deutschen Buchstabenverbindungen jo, ju und ja. Machen Sie zuerst das Aussprachetraining, bevor Sie mit den Schreibübungen beginnen.

Ё ё	Ё ё	Ё ё	Ё ё	Ё ё	Ё ё	Ё ё
Ё ё	*Ё ё*	*Ё ё*	*Ё ё*	*Ё ё*	*Ё ё*	*Ё ё*
ы	ы	ы	ы	ы	ы	ы
ы	*ы*	*ы*	*ы*	*ы*	*ы*	*ы*
Э э	Э э	Э э	Э э	Э э	Э э	Э э
Э э	*Э э*	*Э э*	*Э э*	*Э э*	*Э э*	*Э э*
Ю ю	Ю ю	Ю ю	Ю ю	Ю ю	Ю ю	Ю ю
Ю ю	*Ю ю*	*Ю ю*	*Ю ю*	*Ю ю*	*Ю ю*	*Ю ю*
Я я	Я я	Я я	Я я	Я я	Я я	Я я
Я я	*Я я*	*Я я*	*Я я*	*Я я*	*Я я*	*Я я*

Ausspracheübung:

Der Laut **ы** ist im Deutschen unbekannt. Das ist der russische Laut, den man am längsten üben muss. Versuchen Sie folgende Übung: Sprechen Sie das deutsche i aus und ziehen Sie dabei Ihre Zunge so weit Sie können nach hinten.

Aussprachetraining

Ё, ё jo (wie in *Johannisbeere*) **Э, э** ä (wie in *Ärger*) **Я, я** ja (wie in *Jammer*)
ы siehe Ausspracheübung **Ю, ю** ju (wie in *Juwelier*)

Lesen und schreiben Sie die Wörter in Druck- und Schreibschrift:

Druckschrift	Antwort	Schreibschrift	Antwort
шофёр	шофёр	*шофёр*	шофёр
репортёр	репортёр	*репортёр*	репортёр
му́зыка	музыка	*музыка*	музыка
конфе́ты	конфе́ты	*конфеты*	конфеты
э́кспорт	э́кспорт	*экспорт*	экспорт
аэропо́рт	аэропо́рт	*аэропорт*	аэропорт
рюкза́к	рюкза́к	*рюкзак*	рюкзак
стюарде́сса	стюарде́сса	*стюардесса*	стюардесса
гимна́зия	гимна́зия	*гимназия*	гимназия
фотогра́фия	фотогра́фия	*фотография*	фотография

Tipp: Beim Buchstaben **Ё ё** werden meist die Punkte weggelassen. Man erkennt aus dem Zusammenhang, dass es sich um **ё** /jo/ und nicht um **е** /je/ handelt.

Versuchen Sie die folgenden Begriffe, die Sie am Flughafen lesen könnten, in Schreibschrift zu schreiben.

информáция	кáсса
информáция	кáсса

регистрáция	транзи́т
регистрáция	транзи́т

туалéт	багáж
туалéт	багáж

Versuchen Sie Ihren Reisekoffer auf Russisch zu beschriften. Hilfe finden Sie in dem Tipp-Kästchen:

Tipp:

фами́лия – *Nachname*	странá – *Land*
и́мя – *Vorname*	Гермáния – *Deutschland*

Фамилия Круг

Имя Ванесса

Адрес 7433 Неуштифт беи Шлаининг 63

Страна Австрия

Телефон 0664/9388239

Емайл vanessa.krug@networld.at

Ordnen Sie die Städtenamen dem Land zu und schreiben Sie diese in Schreibschrift hin:

Санкт-Петербу́рг, Лио́н, Берли́н, Ло́ндон, Москва́, Но́вгород, Вашингто́н, Пари́ж, О́ксфорд, Га́мбург, Ни́цца, Мю́нхен, Ма́нчестер, Чика́го, Сан Франци́ско

Росси́я

Санкт-Петербу́рг,

Москва́,

Но́вгород

Герма́ния

Берли́н

Га́мбург

Мю́нхен

Фра́нция

Лио́н,

Пари́ж,

Ни́цца

А́нглия

Ло́ндон,

О́ксфорд

Ма́нчестер

Аме́рика

Вашингто́н,

Чика́го

Сан Франци́ско

Lösung: Россия (Санкт-Петербург, Новгород, Москва), Германия (Берлин, Гамбург, Мюнхен), Франция (Париж, Ницца, Лион), Англия (Лондон, Оксфорд, Манчестер), Америка (Вашингтон, Сан Франциско, Чикаго)

Weiches und hartes Zeichen

Eine Besonderheit der russischen Sprache ist das weiche Zeichen **ь** (*rus.* мягкий знак) und das harte Zeichen **ъ** (*rus.* твёрдый знак). Die Zeichen haben keinen eigenen Lautwert und dienen lediglich, wie der Name schon sagt, der Erweichung bzw. der Erhärtung der Konsonanten. Ein Konsonant wird weich ausgesprochen - wenn auf ihn das weiche Zeichen **ь** folgt (фильм), hart - wenn auf ihn das harte Zeichen **ъ** folgt (инъе́кция).

ь	ь	ь	ь	ь	ь	ь
ь	*ь*	*ь*	*ь*	*ь*	*ь*	*ь*
ъ	ъ	ъ	ъ	ъ	ъ	ъ
ъ	*ъ*	*ъ*	*ъ*	*ъ*	*ъ*	*ъ*

Ausspracheübung:

Das weiche und harte Zeichen dienen auch als „Trennzeichen". Sie stehen innerhalb eines Wortes und zeigen an, dass ein nachfolgender jotierter Vokal (е, ё, ю, я) getrennt, d.h. mit j-Anlaut ausgesprochen werden soll. Sprechen Sie aus: компью́тер, инъе́кция, объе́кт, субъе́кт.

Lesen und schreiben Sie die Wörter in Druck- und Schreibschrift:

фи́льм	фи́льм	*фильм*	*фильм*
карусе́ль	карусель	*карусель*	*карусель*
алта́рь	алтарь	*алтарь*	*алтарь*
ште́мпель	ште́мпель	*штемпель*	*штемпель*
компью́тер	компью́тер	*компьютер*	*компьютер*
инъе́кция	инъе́кция	*инъекция*	*инъекция*

объе́кт объе́кт — *объект* объект

субъе́кт субъе́кт — *субъект* субъект

Geben Sie Städte- und Eigennamen in russischer Schreibschrift wieder. Hilfe finden Sie in dem Tipp-Kästchen.

> **Tipp:** Bei der Umschrift der Städte- und Eigennamen achten Sie besonders auf die Aussprache. Generell gelten für die Aussprache folgende Regeln:
>
> /ä/ = e, э   /ü/ = **ю**   /ö/ = **ё**
>
> l′ und n′ = **ль, нь**   /h/(am Wortanfang) = **г**
>
> Vgl. Brüssel = Брюссе́ль; New York = Нью Йо́рк, Heine = Ге́йне

Kiel Киль

Köln Кёльн

Düsseldorf Дюссельдорф

Heidelberg* Гейдельберг

Oldenburg Ольденбург

Kassel Кассель

Rilke Рильке

Moltke Мольтке

Voltaire Вольтер

Gor′kij Горький

Jelzin Ельцин

*Vgl. Heine = **Ге́йне**

> **Lösung:** *Киль, Кёльн, Дюссельдорф, Гейдельберг, Ольденбург, Кассель, Рильке, Мольтке, Вольтер, Горький, Ельцин*

Schreiben Sie die Eigennamen ab und fügen Sie die deutsche Schreibweise hinzu:

Сиби́рь	Сиби́рь	Sibirien
Неа́поль	Неа́поль	Neapel
Брюссе́ль	Брюссе́ль	Brüssel
А́льпы	А́льпы	Alpen
Хе́льсинки	Хе́льсинки	Helsinki

Schreiben Sie die passenden Monatsnamen in die leeren Kästchen:

янва́рь, февра́ль, март, апре́ль, май, ию́нь, ию́ль, а́вгуст, сентя́брь, октя́брь, ноя́брь, дека́брь

янва́рь
февра́ль
дека́брь

март
апре́ль
май

ию́нь
ию́ль
а́вгуст

сентя́брь
октя́брь
ноя́брь

Lösung: Winter зима (*декабрь, январь, февраль*), Frühling весна (*март, апрель, май*), Sommer лето (*июнь, июль, август*), Herbst осень (*сентябрь, октябрь, ноябрь*)

Setzten Sie, falls notwenig, am Ende des Wortes ein Weichheitszeichen und schreiben Sie das Wort noch einmal in Schreibschrift:

багáж... бага́ж	Кил... Киль
апрéл... апре́ль	борщ... борщ
ромáн... рома́н	карусéл... карусе́ль
штéмпел... ште́мпель	декáбр... дека́брь
харáктер... хара́ктер	феврáл... февра́ль

Lösung: багаж, Киль, апрель, борщ, роман, карусель, штемпель, декабрь, характер, февраль

Borschtsch ist ein sehr typisches Gericht in Russland, das u.a. aus geräuchertem Speck, Speckschwarten, Rindfleisch, Karotten, Weißkohl, Roten Beeten und Lauch zubereitet wird.

Die Aussprache

Im Russischen variiert die Aussprache der einzelnen Buchstaben je nach ihrer Position im Wort. Für die Aussprache des Russischen sind vor allem drei wichtige Regeln zu merken:

1. Reduktion der Vokale
2. Erweichung (Palatalisierung) der Konsonanten
3. Stimmlosigkeit/Stimmhaftigkeit der Konsonanten.

1. Reduktion der (unbetonten) Vokale

Der betonte Vokal wird im Russischen deutlich ausgesprochen (та́кт, ausgesprochen: /такт/). Der unbetonte Vokal verändert oft seine Klangfarbe, man sagt, er wird reduziert (коме́та, ausgesprochen: /**ка**ме́та/). Die in Russland regional unterschiedlich stark ausgeprägte Reduktion der Vokale kann zu Besonderheiten bei deren Aussprache führen, die man als Akanje (rus.: а́канье) bzw. als Ikanje (rus. и́канье) bezeichnet. Wie die Begriffsbezeichnungen andeuten, werden bestimmte Vokale in der unbetonten Stellung auf Laute reduziert, die sich klanglich „а" bzw. „и" annhähern können.

Vokale	Reduktion zu	Beispiel
о	**а** *(Akanje)*	рома́н /р**а**ма́н/ тома́т /т**а**ма́т/
е, а, э, я	**и** (Ikanje)	реда́ктор /р**и**да́ктар/ эти́чный /**и**ти́чный/

2. Palatalisierung

Fast alle Konsonanten können im Russischen sowohl hart als auch weich („palatalisiert") ausgesprochen werden. Die Palatalisierung muss auf jeden Fall beachtet werden, da sie den Sinn des Wortes verändern kann. Ob ein Konsonant weich oder hart ausgesprochen wird, hängt generell von dem ihm folgenden Vokal ab. Ein Konsonant wird hart ausgesprochen, wenn auf ihn die Vokale а, э, о, у, ы folgen. Er wird weich ausgesprochen, wenn auf ihn die Vokale и, е, ё, ю, я folgen.

Vor **а, э, о, у, ы**	harter Konsonant	ка́рта /**к**а́рта/; но́та /**н**о́та/; су́мма /**с**у́мма/
Vor **и, е, ё, ю, я**	weicher Konsonant	би́знес /**б'**и́знис/; те́ма /**т'**е́ма/; стюарде́сса /**ст'**юарде́сса/

Es gibt Konsonanten, die immer hart bzw. weich sind.
- Immer hart sind: (ж, ш, ц): жирáф, шеф, цирк
- Immer weich sind (ч', щ', й): чай, майóр

3. Stimmlosigkeit/Stimmhaftigkeit der Konsonanten

Fast jedem stimmhaften Konsonanten entspricht ein stimmloser Konsonant. Sie bilden folgende Paare:

Stimmhaft	**б**	**в**	**г**	**д**	**ж**	**з**
Stimmlos	**п**	**ф**	**к**	**т**	**ш**	**с**

Ob ein Konsonant stimmhaft oder stimmlos ausgesprochen wird, hängt auch hier von seiner Position im Wort ab. So, wenn der stimmlose Konsonant vor einem stimmhaften Konsonanten vorkommt, wird er stimmhaft und umgekehrt. Der Konsonant wird sozusagen von dem ihm folgenden Konsonanten „beeinflusst“:

Beispiel	Aussprache	Erläuterung
рюкзáк	/рю**г**зáк/	stimmloses „к“ wird zum stimmhaften „г“
футбóл	/фу**д**бóл/	stimmloses „т“ wird zum stimmhaften „д“
аптéка	/а**п**т'éка/	stimmloser Konsonant bleibt vor stimmlosen Konsonanten stimmlos
автомáт	/а**ф**тамáт/	stimmhaftes „в“ wird zum stimmlosen „ф“
вóдка	/вó**т**ка/	stimmhaftes „д“ wird zum stimmlosen „т“
дрáма	/**д**рáма/	stimmhafter Konsonant bleibt vor stimmhaften Konsonanten stimmhaft
период	/пир'ио**т**/	stimmhafter Konsonant wird am Wortende immer stimmlos
флáг	/флá**к**/	stimmhafter Konsonant wird am Wortende immer stimmlos

Wortfeldübungen

Vertiefen Sie Ihre Schriftkenntnisse anhand der folgenden Wortfelder.

Zahlen

Kardinalzahlen:

1	оди́н	17	семна́дцать	101	сто оди́н
2	два	18	восемна́дцать	111	сто оди́ннадцать
3	три	19	девятна́дцать	200	две́сти
4	четы́ре	20	два́дцать	300	три́ста
5	пять	21	два́дцать оди́н	400	четы́реста
6	шесть	22	два́дцать два	500	пятьсо́т
7	семь	25	два́дцать пять	600	шестьсо́т
8	во́семь	30	три́дцать	700	семьсо́т
9	де́вять	31	три́дцать один	800	восемьсо́т
10	де́сять	40	со́рок	900	девятьсо́т
11	оди́ннадцать	50	пятьдеся́т	1000	ты́сяча
12	двена́дцать	60	шестьдеся́т	2000	две ты́сячи
13	трина́дцать	70	се́мьдесят	3000	три ты́сячи
14	четы́рнадцать	80	во́семьдесят	5000	пять ты́сяч
15	пятна́дцать	90	девяно́сто	6000	шесть ты́сяч
16	шестна́дцать	100	сто	10000	десять ты́сяч

Ordnungszahlen:

пе́рвый, пе́рвая, пе́рвое	*erster, erste, erstes*
второ́й, втора́я, второ́е	*zweiter, zweite, zweites*
тре́тий, тре́тья, тре́тье	*dritter, dritte, drittes*
четвёртый, четвёртая, четвёртое	*vierter, vierte, viertes*
пя́тый, пя́тая, пя́тое	*fünfter, fünfte, fünftes*
шесто́й, шеста́я, шесто́е	*sechster, sechste, sechstes*
седьмо́й, седьма́я, седьмо́е	*siebenter, siebente, siebentes*
восьмо́й, восьма́я, восьмо́е	*achter, achte, achtes*
девя́тый, девя́тая, девя́тое	*neunter, neunte, neuntes*
деся́тый, деся́тая, деся́тое	*zehnter, zehnte, zehntes*

Sonstiges:

полови́на	*Hälfte*	миллио́н	*Million*
треть	*Drittel*	миллиа́рд	*Milliarde*
че́тверть	*Viertel*	ноль	*Null*
часть	*Teil*	плюс	*plus*
па́ра	*Paar*	ми́нус	*minus*
дю́жина	*Dutzend*	равно́	*gleich*

Schreiben Sie die Zahlen aus. Die Lösung finden Sie auf S. 90.

(Beispiel: 567 – пятьсот шестьдесят семь)

1. 48 – ______________________________

2. 64 – ______________________________

3. 92 – ______________________________

4. 113 – ______________________________

5. 235 – ______________________________

6. 399 – ______________________________

7. 481 – ______________________________

8. 555 – ______________________________

9. 644 – ______________________________

10. 729 – ______________________________

11. 814 – ______________________________

12. 969 – ______________________________

13. 1793 – ______________________________

14. 2860 – ______________________________

15. 4511 – ______________________________

16. 1126596 – ______________________________

Kalender

Bei Datumsangaben wird im Russischen der jeweilige Tag als Ordnungszahl im Neutrum (первое, двенадцатое, двадцать третье usw.) mit der Genitivform des Monats kombiniert.

Monate (Nominativ- und Genitivform):

янва́рь, января́	*Januar*
февра́ль, февраля́	*Februar*
март, ма́рта	*März*
апре́ль, апре́ля	*April*
май, ма́я	*Mai*
ию́нь, ию́ня	*Juni*
ию́ль, ию́ля	*Juli*
а́вгуст, а́вгуста	*August*
сентя́брь, сентября́	*September*
октя́брь, октября́	*Oktober*
ноя́брь, ноября́	*November*
дека́брь, декабря́	*Dezember*

Wochentage:

понеде́льник	*Montag*
вто́рник	*Dienstag*
среда́	*Mittwoch*
четве́рг	*Donnerstag*
пя́тница	*Freitag*
суббо́та	*Samstag*
воскресе́нье	*Sonntag*

Übersetzen Sie. Die Lösung steht auf S. 90.

(Beispiel: *Heute ist Samstag, der einundzwanzigste Mai* – Сегодня суббота, двадцать первое мая)

1. *Heute ist Donnerstag, der zehnte September*

____

2. *Heute ist Sonntag, der einunddreißigste Dezember*

____

3. *Heute ist Dienstag, der sechsundzwanzigste Februar*

____

4. *Heute ist Mittwoch, der zweite Januar*

____

5. *Heute ist Montag, der siebzehnte August*

____

6. *Heute ist Freitag, der dreißigste November*

____

Jahreszeiten

Schreiben Sie unter jedes Bild die passende Jahreszeit in Schreibschrift:

весна́	*Frühling*	о́сень	*Herbst*
ле́то	*Sommer*	зима́	*Winter*

1. ______________ 2. ______________ 3. ______________ 4. ______________

Lösung: 1. весна́ 2. ле́то 3. о́сень 4. зима́

Tageszeiten:

Schreiben Sie die Tageszeiten nochmal daneben:

у́тро ______________________________

день ______________________________

по́сле обе́да ______________________

ве́чер _____________________________

ночь ______________________________

Vokabelhilfe:

1. *Morgen* – у́тро
2. *Tag* – день
3. *Nachmittag* – по́сле обе́да (eigentlich: nachmittags, wörtlich: nach dem Mittagessen)
4. *Abend* – ве́чер
5. *Nacht* – ночь

Russische Feiertage:

Но́вый Год	*Neujahr*	Рождество́	*Weihnachten*
Па́сха	*Ostern*	Пе́рвое Ма́я	*1. Mai*
Тро́ица	*Pfingsten*	День Побе́ды	*Tag des Sieges (9. Mai)*

Uhrzeit

Wortschatz:

время	*Zeit*	полови́на, пол-	*halb (eig. Hälfte)*
вчера́	*gestern*	полчаса́	*halbe Stunde*
за́втра	*morgen*	сего́дня	*heute*
мину́та	*Minute*	секу́нда	*Sekunde*
по́лдень	*Mittag*	час	*Stunde*
по́лночь	*Mitternacht*	че́тверть ча́са	*Viertelstunde*

Auf Russisch kann man die Uhrzeit, wie im Deutschen auch, auf verschiedene Weise angeben. Die genaue bzw. offizielle Formel lautet: „x Stunde(n) y Minute(n)". Die Nennung der Wörter „Stunde" (час) und „Minute" (мину́та) kann im umgangsprachlichen Gebrauch entfallen. Bei einer Stunden- bzw. Minutenangabe, die mit der Zahl eins endet (**1** Uhr, 2**1** Uhr; 3**1** Minuten, 4**1** Minuten usw.), werden die Wörter час und мину́та in der Nominativform gebraucht. Bei Stunden- und Minutenangaben, die mit den Zahlen zwei, drei und vier enden (z.B. **2** Uhr, 2**3** Uhr usw.; 3**4** Minuten, 5**2** Minuten usw.), werden die Wörter час und мину́та im Genitiv Singular (часа́, мину́ты) gebraucht, in allen anderen Fällen – im Genitiv Plural (часо́в, мину́т).

Volle Stunden:

(один) час	…	девятна́дцать часо́в
два часа́	оди́ннадцать часо́в	два́дцать часо́в
три часа́	двена́дцать часо́в	два́дцать оди́н час
четы́ре часа́	трина́дцать часо́в	два́дцать два часа́
пять часо́в	четы́рнадцать часо́в	два́дцать три часа́
шесть часо́в	…	два́дцать четы́ре часа́

Präzise Angaben (Stunden und Minuten):

1:10 Uhr – ein Uhr zehn Minuten – (оди́н) час де́сять мину́т
4:07 Uhr – vier Uhr sieben Minuten – четы́ре часа́ семь мину́т
6:18 Uhr – sechs Uhr achtzehn Minuten – шесть часо́в восемна́дцать мину́т

Umgangsprachliche Uhrzeitangaben:

7:15 Uhr – пятна́дцать восьмо́го – че́тверть восьмо́го = семь пятна́дцать
9:45 Uhr – без пятна́дцати де́сять – без че́тверти де́сять = де́вять со́рок пять
11.30 Uhr – полови́на двена́дцатого – пол-двена́дцатого = оди́ннадцать часо́в три́дцать мину́т
Das Wort „без" bedeutet wörtlich: „ohne" und erfordert den Genitiv Plural:
без десяти́ (мину́т) [ohne zehn (Minuten)] = zehn (Minuten) vor = x Uhr 50 Minuten

Schreiben Sie die Uhrzeit auf. Die Lösungen finden Sie auf S. 90.

1. ______________________________

____

2. ______________________________

____

3. ______________________________

____

4. ______________________________

____

5. ______________________________

____

6. ______________________________

____

Uhrzeit (Vokabular und Redewendungen)

Ско́лько вре́мени?	*Wie spät ist es?*
сейча́с	*jetzt*
ро́вно	*genau*
о́коло	*ungefähr*
Сейча́с ро́вно ___ часо́в.	*Es ist jetzt genau ___ Uhr.*
ра́но, ра́ньше	*früh, früher*
слишком ра́но	*zu früh*
по́здно, по́зже	*spät, später*
сли́шком по́здно	*zu spät*
Ещё ра́но.	*Es ist noch früh.*
Уже́ поздно.	*Es ist schon spät.*
Пора́.	*Es ist Zeit.*
Мне пора́ идти́.	*Für mich ist es Zeit zu gehen.*
Когда́ на́до идти́?	*Wann müssen wir gehen?*
У меня́ нет часо́в.	*Ich habe keine Uhr.*
Мои́ часы́ отстаю́т на ___ мину́т.	*Meine Uhr geht um ___ Minuten nach.*
Мои́ часы́ спеша́т на ___ мину́т.	*Meine Uhr geht um ___ Minuten vor.*
Я опа́здываю.	*Ich verspäte mich.*

Bilden Sie Minidialoge unter Verwendung der Zeitangaben und der obigen Redewendungen und schreiben Sie sie auf. Ein mögliches Beispiel finden Sie auf S. 90.

A: ______________________________

B: ______________________________

A: ______________________________

B: ______________________________

C: ______________________________

D: ______________________________

C: ______________________________

D: ______________________________

E: ______________________________

F: ______________________________

E: ______________________________

F: ______________________________

Eigenschaften (Adjektive)

Wortschatz:

большо́й	*groß*	некраси́вый	*häßlich*
весёлый	*fröhlich*	ни́зкий	*niedrig*
высо́кий	*hoch*	плохо́й	*schlecht*
горя́чий	*heiß*	све́тлый	*hell*
гру́бый	*grob*	ску́чный	*langweilig*
гру́стный	*traurig*	сла́бый	*schwach*
дли́нный	*lang*	твёрдый	*hart*
интере́сный	*interessant*	тёмный	*dunkel*
коро́ткий	*kurz*	то́нкий	*fein*
краси́вый	*schön*	у́зкий	*schmal*
кре́пкий	*stark*	холо́дный	*kalt*
ма́ленький	*klein*	хоро́ший	*gut*
мя́гкий	*weich*	широ́кий	*breit*

Schreiben Sie die Wörter nochmal aus und fügen Sie die sich gegenseitig ergänzenden Begriffe hinzu. **Die Lösungen finden Sie auf S. 90.**

(Beispiel: большой – маленький)

1. широ́кий – ______________________________ – ______________________________
2. тёмный – ______________________________ – ______________________________
3. мя́гкий – ______________________________ – ______________________________
4. коро́ткий – ______________________________ – ______________________________
5. холо́дный – ______________________________ – ______________________________
6. интере́сный – ______________________________ – ______________________________
7. ни́зкий – ______________________________ – ______________________________
8. то́нкий – ______________________________ – ______________________________
9. весёлый – ______________________________ – ______________________________
10. плохо́й – ______________________________ – ______________________________
11. краси́вый – ______________________________ – ______________________________
12. сла́бый – ______________________________ – ______________________________

Farben

Wortschatz:

цвет	*Farbe*	ора́нжевый	*orange*
а́лый	*blutrot, scharlachrot*	пёстрый	*bunt*
бе́лый	*weiß*	разноцве́тный	*verschiedenfarbig*
голубо́й	*himmelblau*	ро́зовый	*rosa*
жёлтый	*gelb*	се́рый	*grau*
зелёный	*grün*	си́ний	*blau*
кори́чневый	*braun*	фиоле́товый	*violett*
кра́сный	*rot*	чёрный	*schwarz*

Schreiben Sie die passenden russischen Namen der Farben in Druck- und in Schreibschrift auf. Wissen Sie welche Farben Sie aufgeschrieben haben?

1. кра́сный ______________________________

   ____

2. ора́нжевый ______________________________

   ____

3. жёлтый ______________________________

   ____

4. зелёный ______________________________

   ____

5. си́ний ______________________________

   ____

6. фиоле́товый ______________________________

   ____

Lösung: 1. кра́сный 2. ора́нжевый 3. жёлтый 4. зелёный 5. синий 6. фиоле́товый

Länder

Wortschatz:

А́встрия	*Österreich*	Испа́ния	*Spanien*	США	*USA*
Бе́льгия	*Belgien*	Ита́лия	*Italien*	Ту́рция	*Türkei*
Болга́рия	*Bulgarien*	Кана́да	*Kanada*	Украи́на	*Ukraine*
Ве́нгры	*Ungarn*	Кита́й	*China*	Финля́ндия	*Finnland*
Герма́ния	*Deutschland*	По́льша	*Polen*	Фра́нция	*Frankreich*
Голла́ндия	*Niederlande*	Португа́лия	*Portugal*	Швейца́рия	*Schweiz*
Гре́ция	*Griechenland*	Росси́я	*Russland*	Шве́ция	*Schweden*
И́ндия	*Indien*	Румы́ния	*Rumänien*	Япо́ния	*Japan*

Schreiben Sie den Ländernamen neben der dazugehörigen Flagge in Druckschrift. Ein kleiner Tipp: falls Sie sich nicht mehr daran erinnern können, stehen die Ländernamen in Schreibschrift drunter.

Швейцария ________

1. ____________________

Финля́ндия ________

2. ____________________

Испа́ния ________

3. ____________________

Герма́ния ________

4. ____________________

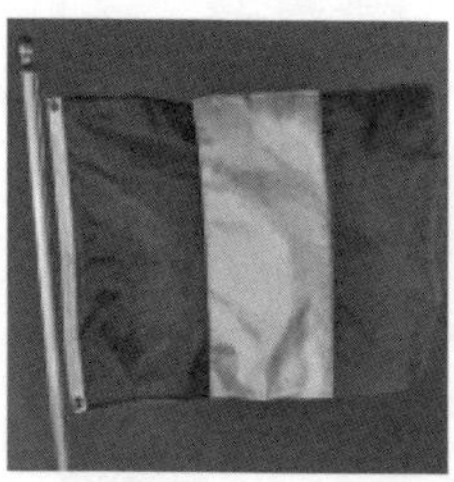

Ита́лия ________

5. ____________________

Шве́ция ________

6. ____________________

Stadt, Land, Fluss...

Wortschatz:

аэропо́рт	*Flughafen*	переу́лок	*Gasse*
вокза́л	*Bahnhof*	пло́щадь	*Platz*
го́род	*Stadt*	порт	*Hafen*
дере́вня	*Dorf*	при́город	*Vorort*
дом	*Haus*	село́	*Siedlung*
доро́га	*Weg*	столи́ца	*Hauptstadt*
зда́нье	*Gebäude*	у́лица	*Straße*
кварта́л	*Stadtviertel*	фона́рь	*Straßenlaterne*
мост	*Brücke*	центр	*Zentrum*
перекрёсток	*Kreuzung*	це́рковь	*Kirche*

Schauen Sie sich die Bilder an und tragen Sie die passenden Bezeichnungen ein.

1. ______________________

2. ______________________

3. ______________________

4. ______________________

5. ______________________

6. ______________________

Lösung: 1. мост 2. це́рковь 3. порт 4. дом 5. у́лица 6. фона́рь

Wortschatz:

бе́рег	*Ufer*	о́стров	*Insel*
верши́на	*Bergspitze*	пляж	*(Bade-) Strand*
гора́	*Berg*	полуо́стров	*Halbinsel*
доли́на	*Tal*	равни́на	*Ebene*
зали́в	*Bucht*	река́	*Fluss*
мо́ре	*Meer*	склон	*Berghang*
о́зеро	*See*	холм	*Hügel*
океа́н	*Ozean*	хребе́т	*Berggrat*

Finden Sie Landschaftselemente hier in diesem Bild und schreiben Sie sie in Druckschrift auf.

mögliche Lösungen: бе́рег, верши́на, гора́, доли́на, зали́в, мо́ре, о́зеро, океа́н, о́стров, река́, склон, холм

Wetter

Wettererscheinungen:

ве́тер	*Wind*
град	*Hagel*
гроза́	*Gewitter*
дождь	*Regen*
и́ней	*Rauhreif*
лёд	*Eis*
мете́ль	*Schneesturm*
о́блако	*Wolke*
оса́дки	*Niederschläge*
пого́да	*Wetter*
проясне́ние	*Aufhellung*
снег	*Schnee*
со́лнце	*Sonne*
тума́н	*Nebel*

Himmelserscheinungen

восхо́д со́лнца	*Sonnenaufgang*
захо́д со́лнца, зака́т	*Sonnenuntergang*
звезда́, звёзды	*Stern, Sterne*
земля́	*Erde*
коме́та	*Komet*
луна́	*Mond*
не́бо	*Himmel*
плане́та	*Planet*
се́верное (поля́рное) сия́ние	*Nordlicht, Polarlicht*
со́лнце	*Sonne*
су́мерки	*Dämmerung*

Tragen Sie die Himmelsrichtungen in die Windrose ein.

Himmelsrichtungen:

се́вер	*Norden*
юг	*Süden*
восто́к	*Osten*
за́пад	*Westen*
се́веро-восто́к	*Nordosten*
се́веро-за́пад	*Nordwesten*
ю́го-восто́к	*Südosten*
ю́го-за́пад	*Südwesten*

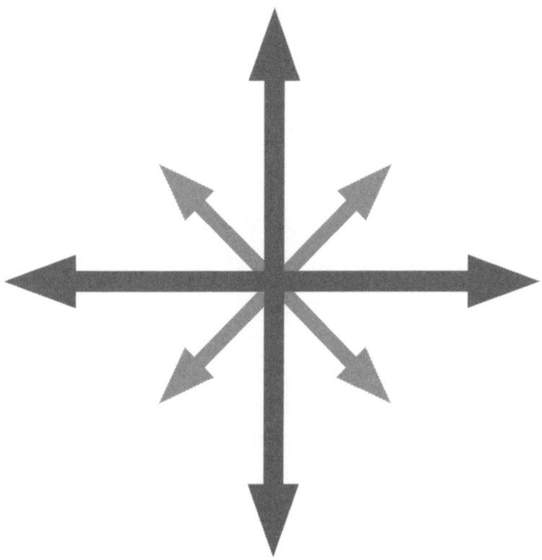

Üben Sie folgende Wetterbegriffe.

(1) ве́тер ______________________	(6) о́блако ______________________
(2) град ______________________	(7) снег ______________________
(3) гроза́______________________	(8) со́лнце ______________________
(4) дождь ______________________	(9) тума́н ______________________
(5) и́ней ______________________	

Kreuzen Sie die Wörter an, die das Wetter zurzeit am besten beschreiben.

пого́да:	хоро́шая	тёплая	со́лнечная
	плоха́я	холо́дная	жа́ркая
температу́ра:	20 гра́дусов тепла́	5 гра́дусов моро́за	ми́нус/плюс …
ве́тер:	сла́бый	си́льный	времена́ми
со́лнце:	све́тит	проясне́ние	не све́тит
дождь:	ме́лкий	снегопа́д	кратковре́менный
снег:	идёт		мете́ль

Ordnen Sie den Oberbegriffen passende Wörter und Wortgruppen zu.

зима́	ле́то	оса́дки
....	солнечная погода	....
....	....	....
....	....	....
....	....	....

Wie ist das Wetter heute in Sankt Petersburg?

Сего́дня в Санкт-Петербу́рге сохрани́тся тёплая пого́да, но́чью 15 гра́дусов, днём 24–28 гра́дусов, со́лнце све́тит, возмо́жен кратковре́менный дождь, ве́тер сла́бый.

____

____

____

Tiere

Wortschatz:

аку́ла	*Hai*	канаре́йка	*Kanarienvogel*	попуга́й	*Papagei*
бе́лка	*Eichhörnchen*	кит	*Walfisch*	селёдка	*Hering*
бегемо́т	*Nilpferd*	коро́ва	*Kuh*	слон	*Elefant*
волк	*Wolf*	лев	*Löwe*	соба́ка	*Hund*
во́рон	*Rabe*	ло́шадь	*Pferd*	солове́й	*Nachtigall*
гу́сь	*Gans*	лиса́	*Fuchs*	хомя́к	*Hamster*
за́яц	*Hase*	обезья́на	*Affe*	черепа́ха	*Schildkröte*
ко́шка	*Katze*	осёл	*Esel*	щу́ка	*Hecht*

Schreiben Sie die Tiernamen neben das entsprechende Bild.

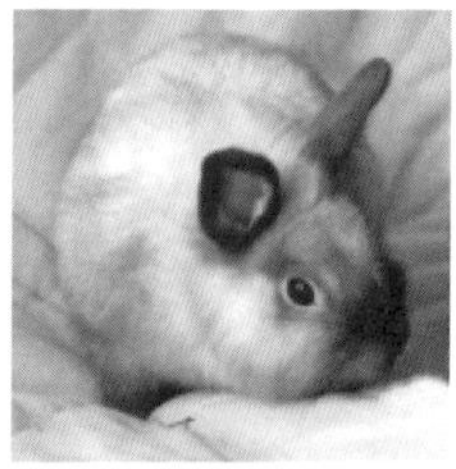

1. ____________________ 2. ____________________ 3. ____________________

4. ____________________ 5. ____________________ 6. ____________________

Lösung: 1. ло́шадь 2. осёл 3. за́яц 4. ко́шка 5. коро́ва 6. соба́ка

Hier üben Sie weitere Tiernamen. Schreiben Sie die russische Übersetzung in Druckschrift.

1. Hai ______________________

2. Eichhörnchen ______________________

3. Nilpferd ______________________

4. Wolf ______________________

5. Rabe ______________________

6. Gans ______________________

7. Kanarienvogel ______________________

8. Walfisch ______________________

9. Löwe ______________________

10. Fuchs ______________________

11. Affe ______________________

12. Papagei ______________________

13. Hering ______________________

14. Elefant ______________________

15. Nachtigall ______________________

16. Hamster ______________________

17. Schildkröte ______________________

18. Hecht ______________________

Russische Namen

In Russland besteht der vollständige Name aus dem **Vornamen**, dem **Vatersnamen** und dem **Nachnamen.** Der Vatersname (Patronymikon) wird aus dem Vornamen des Vaters gebildet, wobei an den Stamm dieses Vornamens eine bestimmte Endung angehängt wird (bei Männern in der Regel -евич oder -ович, bei Frauen: -евна oder -овна).

Häufig vorkommende Männer-Vornamen (mit Verkleinerungsformen):
Алекса́ндр (Са́ша); Алексе́й (Алёша); Андре́й; Васи́лий (Ва́ся); Ви́ктор (Ви́тя); Влади́мир (Воло́дя); Дми́трий (Ди́ма); Евге́ний (Же́ня); Ива́н; Константи́н (Ко́стя); Лев; Михаи́л (Ми́ша); Никола́й; Па́вел; Пётр (Пе́тя); Серге́й; Фёдор (Фе́дя); Ю́рий

Die daraus gebildeten Vatersnamen (männliche/weibliche Form):
Алекса́ндрович/Алекса́ндровна; Алексе́евич/Алексе́евна; Андре́евич/Андре́евна; Васи́льевич/Васи́льевна; Ви́кторович/Ви́кторовна; Влади́мирович/Влади́мировна; Евге́ньевич/Евге́ньевна; Ива́нович/Ива́новна; Константи́нович/Константи́новна; Льво́вич/Льво́вна; Миха́йлович/Миха́йловна; Никола́евич/Никола́евна; Па́влович/Па́вловна; Петро́вич/Петро́вна; Серге́евич/Серге́евна; Фёдорович/Фёдоровна; Ю́рьевич/Ю́рьевна

Häufig vorkommende Frauen-Vornamen (mit Verkleinerungsformen):
А́нна; Ве́ра; Да́рья (Да́ша); Екатери́на (Ка́тя); Еле́на (Ле́на); Елизаве́та (Ли́за); Лари́са; Мари́на; Мари́я (Ма́ша); Наде́жда (На́дя); Ната́лья (Ната́ша); Ни́на; Окса́на; О́льга; Светла́на (Све́та); Тама́ра; Татья́на (Та́ня)

Häufig vorkommende Nachnamen (männliche/weibliche Form):
Богда́нов/Богда́нова; Дми́триев/Дми́триева; Ивано́в/Ивано́ва; Ка́менев/Ка́менева; Кузнецо́в/Кузнецо́ва; Моро́зов/Моро́зова; Ники́тин/Ники́тина; Новико́в/Новико́ва; Па́влов/Па́влова; Петро́в/Петро́ва; Пло́тников/Пло́тникова; Соколо́в/Соколо́ва; Соловьёв/Соловьёва; Столяро́в/Столяро́ва; Успе́нский/Успе́нская; Фёдоров/Фёдорова

Bilden Sie anhand der genannten Vor-, Vaters- und Nachnamen vollständige weibliche und männliche Namen und schreiben Sie sie auf.

(Beispiele: Виктор Андреевич Соловьёв, Ольга Сергеевна Дмитриева)

1. ______________________________
2. ______________________________
3. ______________________________
4. ______________________________
5. ______________________________
6. ______________________________
7. ______________________________

Wie heißen diese Personen wohl? Was glauben Sie? Schreiben Sie die Namen auf, die zu ihnen passen würden.

1. ______________________________

____

2. ______________________________

____

3. ______________________________

____

4. ______________________________

____

5. ______________________________

____

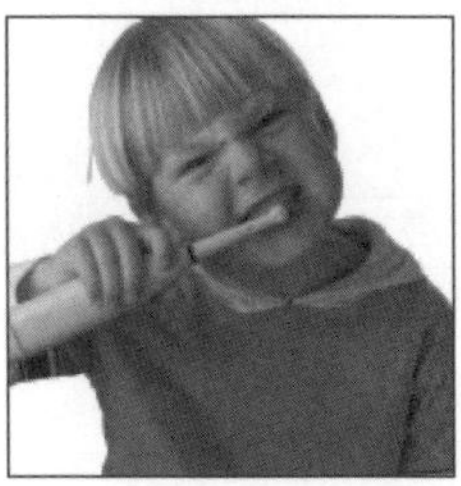

6. ______________________________

____

Russische Schriftsteller

Алекса́ндр Серге́евич Пу́шкин
Никола́й Васи́льевич Го́голь
Михаи́л Ю́рьевич Ле́рмонтов
Ива́н Серге́евич Турге́нев
Фёдор Миха́йлович Достое́вский
Лев Никола́евич Толсто́й

Анто́н Па́влович Че́хов
Алекса́ндр Алекса́ндрович Блок
А́нна Андре́евна Ахма́това
Михаи́л Афана́сьевич Булга́ков
Влади́мир Влади́мирович Набо́ков
Алекса́ндр Иса́евич Солжени́цын

Schreiben Sie die Namen der russischen Schriftsteller in russischer Druckschrift neben ihre deutschen Übersetzungen.

Alexander
Puschkin

1. ______________________________

____

Nikolaj
Gogol'

2. ______________________________

____

Michail
Lermontov

3. ______________________________

____

Ivan
Turgenev

4. ______________________________

____

Fjodor
Dostoevskij

5. ______________________________

____

Anton Čechov

6. ______________________________________

____

Lev Tolstoj

7. ______________________________________

____

Alexander Blok

8. ______________________________________

____

9. ______________________________________

____

Anna Achmatova

Michail Bulgakov

10. ______________________________________

____

11. ______________________________________

____

Vladimir Nabokov

Alexander Solschenizyn

12. ______________________________________

____

Essen und Trinken

Mahlzeiten:

за́втрак	*Frühstück*
обе́д	*Mittagessen*
у́жин	*Abendessen*

Lebensmittel:

бу́лочка	*Brötchen*	пече́нье	*Kekse*
вермише́ль	*Nudeln*	рис	*Reis*
ветчина́	*Schinken*	ры́ба	*Fisch*
горчи́ца	*Senf*	сли́вки	*Sahne, Rahm*
йогу́рт	*Joghurt*	смета́на	*saure Sahne*
колбаса́	*Wurst*	соль	*Salz*
пти́ца	*Geflügel bzw. Vogel*	соси́ски	*Würstchen*
макаро́ны	*Bandnudeln*	сыр	*Käse*
ма́сло (расти́тельное)	*Pflanzenöl*	творо́г	*Quark*
ма́сло (сли́вочное)	*Butter*	у́ксус	*Essig*
мя́со	*Fleisch*	фру́кты	*Obst, Früchte*
о́вощи	*Gemüse*	хлеб	*Brot*
паште́т	*Pastete*	хрен	*Merrettich*
пе́рец	*Pfeffer*	шокола́д	*Schokolade*

Machen Sie eine Einkaufsliste.

1. ________________________________
2. ________________________________
3. ________________________________
4. ________________________________
5. ________________________________
6. ________________________________
7. ________________________________
8. ________________________________
9. ________________________________
10. ________________________________
11. ________________________________
12. ________________________________

Getränke:

винó	*Wein*	лимонáд	*Limonade*
водá	*Wasser*	минерáльная водá	*Mineralwasser*
вóдка	*Wodka*	молокó	*Milch*
квас	*Kwas*	пи́во	*Bier*
кефи́р	*Kefir*	сок	*Saft*
ликёр	*Likör*	шампáнское	*Sekt*

Tragen Sie die Bezeichnungen der Getränke unter den entsprechenden Abbildungen in Druck- und Schreibschrift ein.

1. ____________________

____

2. ____________________

____

3. ____________________

____

4. ____________________

____

5. ____________________

____

6. ____________________

____

Lösung 1. молокó 2. пиво 3. шампáнское 4. водá 5. винó 6. сок

Im Geschäft

бу́лочная	*Bäckerei*	поку́пки	*Einkäufe*
весы́	*Waage*	по́лка	*Regal*
ка́сса	*Kasse*	припра́ва	*Gewürze*
клие́нт	*Kunde, Klient*	продаве́ц	*Verkäufer*
конди́терская	*Konditorei*	продавщи́ца	*Verkäuferin*
консе́рвы	*Konserven*	ры́нок	*Markt*
корзи́нка	*(Einkaufs-)Korb*	стенд	*Stand*
магази́н	*Geschäft*	теле́жка	*(Einkaufs-)Wagen*
мясни́к	*Fleischer*	това́р	*Ware*
напи́тки	*Getränke*	универма́г	*Kaufhaus*
отде́л	*Abteilung*	упако́вка	*Verpackung*
о́чередь	*Schlange*	цена́	*Preis*

Üben Sie hier einige gängige Begriffe und versuchen Sie sie einzuprägen.

1. бу́лочная ______________________________
2. конди́терская ______________________________
3. магази́н ______________________________
4. напи́тки ______________________________
5. припра́ва ______________________________
6. продавщи́ца ______________________________
7. ры́нок ______________________________
8. теле́жка ______________________________
9. универма́г ______________________________
10. цена́ ______________________________
11. магази́н ______________________________
12. клие́нт ______________________________

Auf dem Wochenmarkt

Obst/Фру́кты:

абрико́сы	*Aprikosen*
анана́с	*Ananas*
апельси́н	*Apfelsine*
арбу́з	*Wassermelone*
бана́ны	*Bananen*
виногра́д	*Weintrauben*
ви́шня	*Sauerkirschen*
гру́ша	*Birne*
кабачо́к	*Melonenkürbis*
клубни́ка	*Erdbeeren*
лимо́н	*Zitrone*
мали́на	*Himbeeren*
оре́хи	*Nüsse*
пе́рсики	*Pfirsiche*
сли́ва	*Pflaumen*
фунду́к	*Haselnüsse*
чере́шня	*Kirschen*
я́блоки	*Äpfel*

Gemüse/О́вощи:

горо́шек	*Erbsen*
грибы́	*Pilze*
капу́ста	*Kohl*
карто́фель	*Kartoffeln*
лук	*Zwiebel*
морко́вка	*Möhre*
помидо́ры	*Tomaten*
ре́дька	*Rettich*
сала́т	*Salat*
сельдере́й	*Sellerie*
спа́ржа	*Spargel*
чесно́к	*Knoblauch*
шпина́т	*Spinat*
щаве́ль	*Sauerampfer*

Schreiben Sie die Zutaten für eine Gemüsesuppe auf.

1. ______________________
2. ______________________
3. ______________________
4. ______________________
5. ______________________

Schreiben Sie die Zutaten für einen Obstsalat auf.

1. ______________________
2. ______________________
3. ______________________
4. ______________________
5. ______________________

Mittagessen im Restaurant

Hier sind Speisen, die Sie auf einer Speisekarte im Restaurant finden können.
Ergänzen Sie die Wörter und Wortgruppen an der entsprechenden Stelle auf der Speisekarte.

борщ
винегре́т
галу́шки
горо́шек
грибы́
жарко́е
йогу́рт
ка́мбала
капу́ста
карто́фель
карто́фель-фри
компо́т

котле́та
моро́женое
овощно́й суп
отварно́й карто́фель
пу́динг
пюре́
ромште́кс
ры́бные па́лочки
ры́бный сала́т
свини́на
селёдка
соля́нка

спа́ржа
торт
уха́
фасо́ль
форе́ль
фру́кты
цветна́я капу́ста
шашлы́к
шни́цель
щу́ка
щи
яйцо́ с икро́й

Заку́ски

1. .... 2. .... 3. .... 4. ....

Супы́

1. .... 2. .... 3. .... 4. ....

Вторы́е блю́да

карто́фель	о́вощи	мя́со	ры́ба
....	....	....	....
....	....	....	....
....	....	....	....
....	....	....	....

Десе́рты

....

....

Wenn Sie diese Aufgabe gemeistert haben, sollte noch Platz für ein Dessert sein. Welches ist Ihr Lieblingsdessert? Schlagen Sie die russische Entsprechung dafür nach, und tragen Sie sie in die Speisekarte ein.

Bäume

Wortschatz:

де́рево, дере́вья	*Baum, Bäume*	ель, ёлка	*Fichte, Tanne*
ли́ственное де́рево	*Laubbaum*	кашта́н	*Kastanienbaum*
хво́йное де́рево	*Nadelbaum*	клён	*Ahorn*
ака́ция	*Akazie*	ли́па	*Linde*
берёза	*Birke*	(плаку́чая) и́ва	*(Trauer-) Weide*
бук	*Buche*	плата́н	*Platane*
дуб	*Eiche*	сосна́	*Kiefer*

Jetzt werden Ihre botanischen Kenntnisse geprüft. Schreiben Sie die Bezeichnungen der Bäume auf und versuchen Sie sie einzuprägen.

1. ли́ственное де́рево

____

2. хво́йное де́рево

____

3. ака́ция

____

4. берёза

____

5. бук

____

6. дуб

____

7. кашта́н

____

8. клён

____

9. ли́па

____

10. плата́н

____

11. сосна́

____

12. и́ва

____

Blumen

Wortschatz:

цвето́к, цветы́	*Blume, Blumen*	орхиде́я	*Orchidee*
а́стра	*Aster*	подсо́лнечник	*Sonnenblume*
гвозди́ка	*Nelke*	ро́за	*Rose*
лили́я	*Lilie*	сире́нь	*Flieder*
мак	*Mohn*	тюльпа́н	*Tulpe*
нарци́сс	*Narzisse*	фиа́лка	*Veilchen*
незабу́дка	*Vergißmeinnicht*	хризанте́ма	*Chrysantheme*

Schreiben Sie die Bezeichnungen der Blumen unter die entsprechenden Abbildungen.

1. ____________ 2. ____________ 3. ____________

Lösung: 1. ро́за 2. подсо́лнечник 3. тюльпа́н

Hier üben Sie weitere Blumensorten.

1. а́стра ____________
2. гвозди́ка ____________
3. лили́я ____________
4. мак ____________
5. нарци́сс ____________
6. незабу́дка ____________
7. орхиде́я ____________
8. сире́нь ____________
9. фиа́лка ____________
10. хризанте́ма ____________

Wohnung und Mobiliar

Wortschatz:

балкóн	*Balkon*	кабинéт	*Arbeitszimmer*
вáнная	*Badezimmer*	кýхня	*Küche*
гости́ная	*Wohnzimmer*	спáльня	*Schlafzimmer*
дéтская	*Kinderzimmer*	туалéт	*Toilette*

Schreiben Sie die Wörter nochmal auf.

балкóн ____________________	кабинéт ____________________
вáнная ____________________	кýхня ____________________
гостиная ____________________	спáльня ____________________
дéтская ____________________	туалéт ____________________

In welchem Raum möchten Sie folgendes Mobiliar platzieren? Mögliche Lösungen finden Sie auf S. 90.

дивáн, крéсло, компьютер, кровáть, кýхонный шкаф, лáмпа, пи́сьменный стол, при́нтер, проúгрыватель компáктных дисков, пóлка, рáдио, стéнка, стирáльная маши́на, стол, торшéр, стул, телеви́зор, телефóн, холоди́льник, шкаф, умывáльник

1. кýхня	....	5. спáльня	....
2. вáнная	....	6. гости́ная	....
3. кабинéт	....	7. дéтская	....
4. балкóн	....	8. туалéт	....

Kleidung und Modeschmuck

Wortschatz:

брасле́т	*Armband*	пиджа́к	*Sakko*
брю́ки	*Hose*	пла́тье	*Kleid*
бу́сы	*Halskette*	по́яс	*Gürtel*
жиле́т	*Weste*	руба́шка	*Hemd*
колго́тки	*Strumpfhosen*	сандале́ты	*Sandalen*
кольцо́	*Ring*	ту́фли	*Schuhe, Pantoffel*
ко́фта	*Jacke*	хала́т	*Bademantel*
ку́ртка	*Windjacke*	чулки́	*Strümpfe*
ма́йка	*T-Shirt*	шарф	*Schal*
носки́	*Socken*	шля́па	*Hut*
перча́тки	*Handschuhe*	ю́бка	*Rock*

Schreiben Sie die Bezeichnungen für die Kleidungsstücke und für Modeschmuck unter das entsprechende Bild.

1. ______________

2. ______________

3. ______________

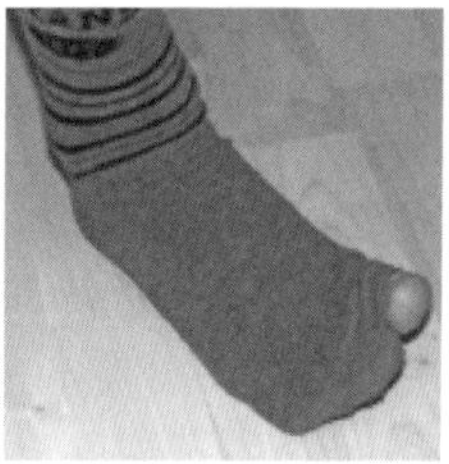

4. ______________

5. ______________

6. ______________

7. ______________

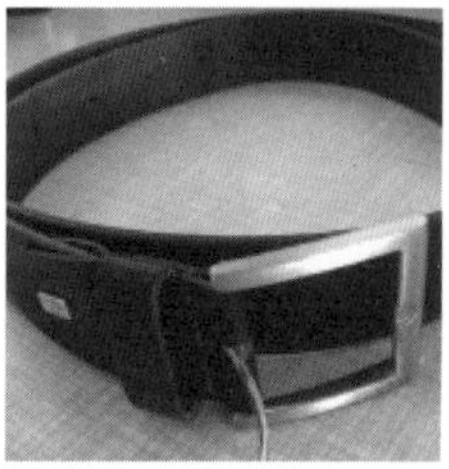

8. ______________

Lösung: 1. брю́ки, 2. ко́фта, 3. ма́йка, 4. носки́, 5. пла́тье, 6. руба́шка, 7. ю́бка, 8. по́яс

Versuchen Sie sich jetzt an die Kleidungsstücke zu erinnern. Schreiben Sie das gesuchte Wort in das Kreuzworträtsel. Viel Glück!

Horizontal:

1. Armband
3. Rock
5. Jacke
7. Strumpfhosen
9. Sakko
11. Bademantel

Vertikal:

2. Hose
4. Ring
6. Schuhe, Pantoffel
8. Handschuhe
10. Windjacke

Sportarten

Wortschatz:

альпини́зм	*Alpinismus*	ко́нный спорт	*Reitsport*
бадминто́н	*Federball*	лёгкая атле́тика	*Leichtathletik*
баскетбо́л	*Basketball*	лы́жный спорт	*Skisport*
бег	*Laufen*	парашюти́зм	*Fallschirmspringen*
бо́бслей	*Bob, Schlittensport*	па́русный спорт	*Segelsport*
бокс	*Boxen*	пла́вание	*Schwimmen*
борьба́	*Ringen*	прыжки́ в высоту́	*Hochsprung*
велоспо́рт	*Radsport*	прыжки́ в длину́	*Weitsprung*
во́дное по́ло	*Wasserpolo*	стрельба́	*Schießen*
волейбо́л	*Volleyball*	тройно́й прыжо́к	*Dreisprung*
гимна́стика	*Gymnastik*	фехтова́ние	*Fechten*
гольф	*Golf*	фигу́рное ката́ние	*Eislaufen*
гре́бля	*Rudern*	футбо́л	*Fußball*
дзюдо́	*Judo*	хокке́й	*Hockey*
карате́	*Karate*	ша́хматы	*Schachspiel*

Schreiben Sie die Bezeichnung der Sportart neben das entsprechende Bild.

1. ______________________________

2. ______________________________

3. ______________________________

4. ______________________________

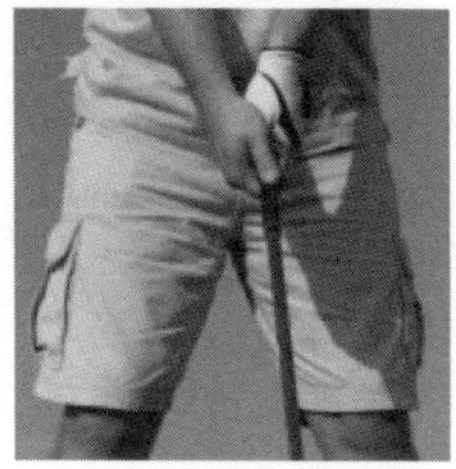

5. ____

6. ____

7. ____

8. ____

9. ____

10. ____

Lösung: 1. бокс, 2. велоспóрт, 3. баскетбóл, 4. бег, 5. гольф, 6. грéбля, 7. каратэ, 8. лыжный спорт, 9. плáвание, 10. футбóл

Finden Sie in dem Buchstabenfeld Bezeichnungen von Sportarten; schreiben Sie sie heraus.

1. ____________________
2. ____________________
3. ____________________
4. ____________________
5. ____________________
6. ____________________

а	л	ь	п	и	н	и	з	м
д	¨	т	щ	ф	й	Я	д	о
з	б	о	р	ь	б	á	Щ	б
ю	г	а	ю	я	у	п	щ	ы
д	а	г	х	о	к	к	é	й
ó	ж	к	а	о	р	л	ё	ю
м	с	т	р	е	л	ь	б	á
б	а	д	м	и	н	т	ó	н

Lösung: альпинизм, бадминто́н, стрельба́, дзюдо́, борьба́, хокке́й

Ordnen Sie die Sportarten folgenden Kategorien zu.

Wintersport	Kampfsport	Ballsport
____________	____________	____________
____________	____________	____________
____________	____________	____________
____________	____________	____________

Einzelsport	Leichtathletik	Mannschaftssport
____________	____________	____________
____________	____________	____________
____________	____________	____________
____________	____________	____________

Horoskop

Sternzeichen – Знáки зодиáка

Овéн - *Widder*
20 марта – 20 апреля

Телéц - *Stier*
20 апреля – 21 мая

Близнецы́ - *Zwillinge*
21 мая – 21 июня

Рак - *Krebs*
21 июня – 22 июля

Лев - *Löwe*
22 июля – 23 августа

Дéва - *Jungfrau*
23 августа – 23 сентября

Весы́ - *Waage*
23 сентября – 23 октября

Скорпиóн - *Skorpion*
23 октября – 22 ноября

Стрелéц - *Schütze*
22 ноября – 21 декабря

Козерóг - *Steinbock*
21 декабря – 20 января

Водолéй - *Wassermann*
20 января – 19 февраля

Ры́бы - *Fische*
19 февраля – 20 марта

Tragen Sie die Namen der Sternzeichen an den entsprechenden Stellen ein.

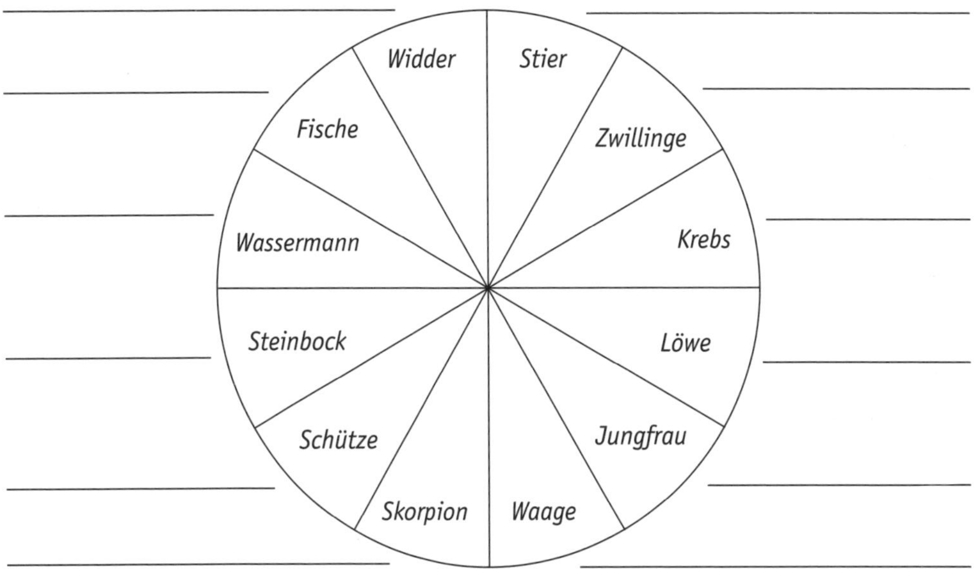

Verwandte

Wortschatz (Nominativ- und Genitivform):

ба́бушка, ба́бушки	*Großmutter*	па́па, па́пы	*Papa*
брат, бра́та	*Bruder*	праба́бушка,	*Urgroßmutter*
внук, вну́ка	*Enkel*	праба́бушки	
вну́чка, вну́чки	*Enkelin*	правну́к, правну́ка	*Urenkel*
двою́родная сестра́,	*Cousine*	правну́чка,	
двою́родной сестры́		правну́чки	*Urenkelin*
двою́родный брат,	*Cousin*	праде́д, праде́да	*Urgroßvater*
двою́родного бра́та		свёкорь	*Schwiegervater*
дед, де́да	*Großvater*		*(Vater des Ehemanns)*
де́душка, де́душки	*Opa*	свекро́вь, свекро́ви	*Schwiegermutter*
до́чка, до́чки	*Tochter*		*(Mutter des Ehemanns)*
дочь, до́чери	*Tochter*	сестра́, сестры́	*Schwester*
дя́дя, дя́ди	*Onkel*	сноха́, снохи́	*Schwiegertochter*
жена́, жены́	*Ehefrau*	сын, сы́на	*Sohn*
зять, зя́тя	*Schwiegersohn*	тесть, те́стя	*Schwiegervater*
ма́ма, ма́мы	*Mama*		*(Vater der Ehefrau)*
мать, ма́тери	*Mutter*	тётя, тёти	*Tante*
ма́чеха, ма́чехи	*Stiefmutter*	тёща, тёщи	*Schwiegermutter*
муж, му́жа	*Ehemann*		*(Mutter der Ehefrau)*
отец, отца́	*Vater*	шу́рин, шу́рина	*Schwager*
о́тчим, о́тчима	*Stiefvater*		

Bilden Sie kurze Phrasen zu Verwandtschaftsbestimmungen.

(Beispiel: Тётя – это сестра мамы или папы.)

1. ______________________________
2. ______________________________
3. ______________________________
4. ______________________________
5. ______________________________
6. ______________________________
7. ______________________________
8. ______________________________
9. ______________________________
10. ______________________________

Possessivpronomen (Maskulinum-, Femininum- und Neutrum-Formen):

мой, моя́, моё	*mein, meine, mein*	наш, на́ша, на́ше	*unser, unsere, unser*
твой, твоя́, твоё	*dein, deine, dein*	ваш, ва́ша, ва́ше	*euer, eure, euer*
его́, её, его́	*sein, ihr(e), sein*	их	*ihr(e)*

Bilden Sie Kombination von Possessivpronomen und Verwandtschaftsbezeichnungen und schreiben Sie sie untern auf.

1. ______________________________ 5. ______________________________

2. ______________________________ 6. ______________________________

3. ______________________________ 7. ______________________________

4. ______________________________ 8. ______________________________

Körperteile

Wortschatz: Kopf

борода́	*Bart*	подборо́док	*Kinn*
бро́вь	*Augenbraue*	ресни́ца	*Wimper*
висо́к	*Schläfe*	рот	*Mund*
глаз, глаза́	*Auge, Augen*	усы́	*Schnurrbart*
голова́	*Kopf*	у́хо, у́ши	*Ohr, Ohren*
гу́бы	*Lippen*	чело́	*Stirn*
зу́бы	*Zähne*	че́реп	*Schädel*
лицо́	*Gesicht*	ше́я	*Hals*
нос	*Nase*	щека́	*Backe*

Tragen Sie an den gekennzeichneten Stellen die entsprechenden Begriffe ein.

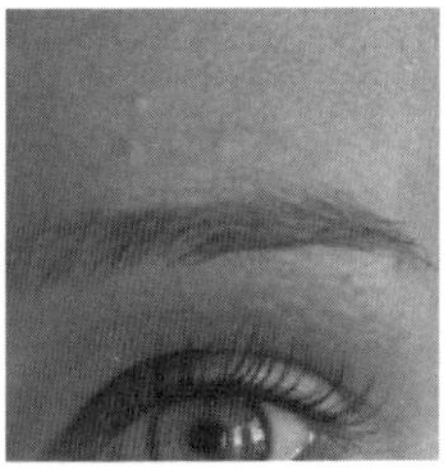

1. ____________________

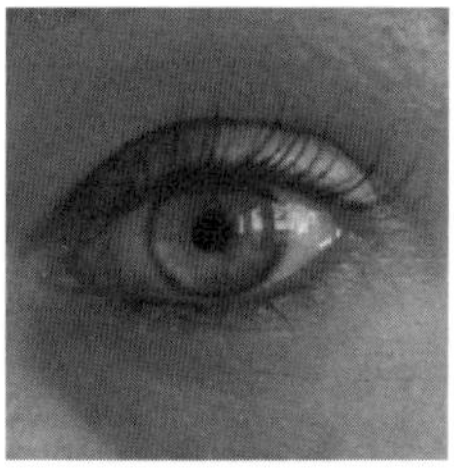

2. ____________________

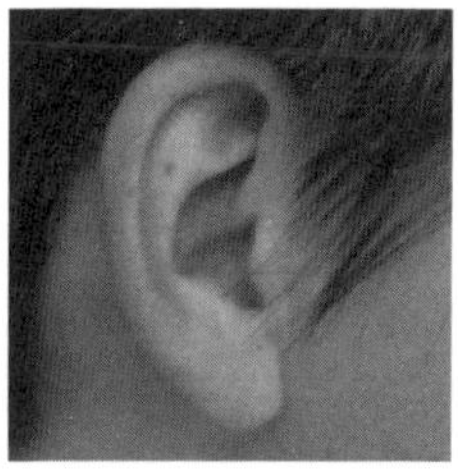

3. ____________________

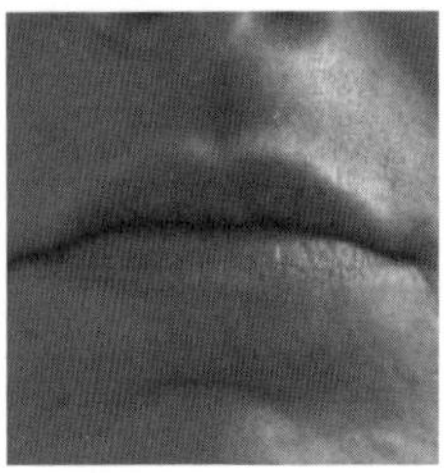

4. ____________________

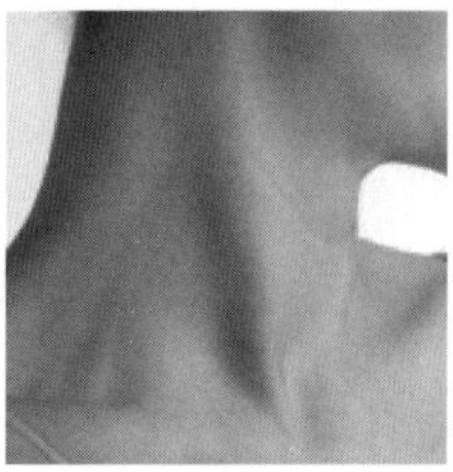

5. ____________________

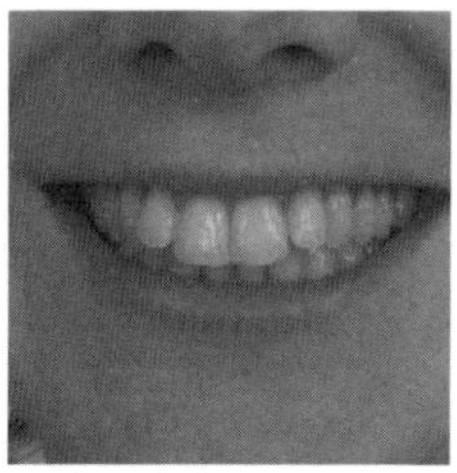

6. ____________________

Lösung: 1. бро́вь, 2. глаз, 3. у́хо, 4. гу́бы, 5. ше́я, 6. зу́бы

Wortschatz: Rumpf und Gliedmaßen:

бедро́	*Schenkel, Hüfte*	мизи́нец	*kleiner Finger*
бок	*Seite, Hüfte*	нога́	*Bein, Fuß*
го́лень	*Unterschenkel*	но́готь	*Fingernagel*
грудна́я кле́тка	*Brustkorb*	па́лец	*Finger*
грудь	*Brust*	па́лец ноги́	*Zehe*
живо́т	*Bauch*	пята́	*Ferse*
заты́лок	*Nacken*	рука́	*Hand, Arm*
коле́но	*Knie*	спина́	*Rücken*
ло́коть	*Ellbogen*	стопа́	*Fuß*

Tragen Sie an den gekennzeichneten Stellen die entsprechenden Begriffe ein.

Berufe

Wortschatz:

адвока́т	*Rechtsanwalt*	писа́тель	*Schriftsteller*
актёр	*Schauspieler*	пло́тник	*Zimmermann*
архите́ктор	*Architekt*	пожа́рник	*Feuerwehrmann*
врач	*Arzt*	портно́й	*Schneider*
гид	*Fremdenführer*	продаве́ц	*Verkäufer*
журнали́ст	*Journalist*	профе́ссор	*Professor*
инжене́р	*Ingenieur*	рабо́чий	*Arbeiter*
ка́менщик	*Maurer*	садо́вник	*Gärtner*
конди́тер	*Konditor*	ску́льптор	*Bildhauer*
контролёр	*Kontrolleur*	слу́жащий бюро́	*Büroangestellter*
крестья́нин	*Bauer*	сле́сарь	*Schlosser*
медсестра́	*Krankenschwester*	солда́т	*Soldat*
милицио́не́р	*Milizionär, Polizist*	столя́р	*Tischler*
музыка́нт	*Musiker*	то́карь	*Dreher*
мясни́к	*Fleischer*	учи́тель	*Lehrer*
парикма́хер	*Friseur*	худо́жник	*Künstler*
пе́вец	*Sänger*	часовщи́к	*Uhrmacher*
пе́карь	*Bäcker*	шофёр	*Kraftfahrer*

Schreiben Sie die Berufsbezeichnungen neben das entsprechende Bild.

1. ____________________

2. ____________________

3. ____________________

4. ____________________

5. ____________________

6. ____________________

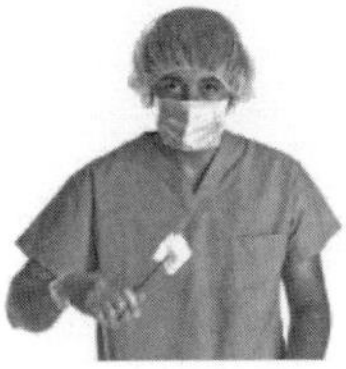

7. ____________________

8. ____________________

Lösung: 1. милиционе́р, 2. пе́карь, 3. продаве́ц, 4. парикма́хер, 5. медсестра́, 6. профе́ссор, 7. врач, 8. учи́тель

Üben Sie hier noch einige weitere Berufsbezeichnungen.

адвока́т ____________________

актёр ____________________

архите́ктор ____________________

журнали́ст ____________________

музыка́нт ____________________

мясни́к ____________________

пе́вец ____________________

писа́тель ____________________

пло́тник ____________________

пожа́рник ____________________

портно́й ____________________

садо́вник ____________________

ску́льптор ____________________

сле́сарь ____________________

худо́жник ____________________

часовщи́к ____________________

Ordnen Sie die Berufe folgenden Kategorien zu.

Handwerkliche Berufe

____

____

____

____

____

____

Berufe im Freien

____

____

____

____

____

____

Selbständige/Freiberufler

____

____

____

____

____

____

Künstlerische Berufe

____

____

____

____

____

____

Körperliche Tätigkeit

____

____

____

____

____

____

Intellektuelle Tätigkeit

____

____

____

____

____

____

Freizeitaktivitäten

Wortschatz:

библиоте́ка	*Bibliothek*	о́пера	*Oper*
вы́ставка	*Ausstellung*	о́тдых	*Ruhe, Erholung*
дискоте́ка	*Diskothek*	парк	*Park*
зоопа́рк	*Zoopark*	прогу́лка	*Spaziergang*
кафе́	*Cafe*	стадио́н	*Stadion*
кино́	*Kino*	теа́тр	*Theater*
конце́рт	*Konzert*	цирк	*Zirkus*
музе́й	*Museum*	экску́рсия	*Ausflug*

Ordnen Sie den Bildern die entsprechenden Bezeichnungen zu und schreiben Sie sie auf.

1. ________________________________

2. ________________________________

3. ________________________________

4. ________________________________

5. ____________________

6. ____________________

Lösung: 1. парк, 2. о́пера, 3. музе́й, 4. кино́, 5. кафе́, 6. дискоте́ка

Wo gehen Sie noch gerne überall hin? Schreiben Sie folgende Orte bitte nach und versuchen Sie sich die Bedeutung zu merken.

библиоте́ка ____________________

вы́ставка ____________________

зоопа́рк ____________________

конце́рт ____________________

о́тдых ____________________

прогу́лка ____________________

стадио́н ____________________

теа́тр ____________________

цирк ____________________

экску́рсия ____________________

Im Konzertsaal

Wortschatz:

билетёр	*Platzanweiser*	партéр	*Parkett*
дирижёр	*Dirigent*	певéц, певи́ца	*Sänger, Sängerin*
зри́тели	*die Zuschauer*	перéдние ряды́	*erstes Parkett*
инструмéнт	*Instrument*	зáдние ряды́	*zweites Parkett*
концéртный зал	*Konzertsaal*	прохóд	*Durchgang*
лóжа	*Loge*	ряд, ряды́	*Reihe, Reihen*
музыкáнты	*die Musiker*	слýшатели	*die Zuhörer*
оркéстр	*Orchester*	соли́ст, соли́стка	*Solist, Solistin*
пýблика	*Publikum*	сцéна	*Bühne, Szene*

Üben Sie die folgenden Bezeichnungen, indem Sie sie schreiben.

билетёр ______________________

дирижёр ______________________

зрители ______________________

инструмéнт ______________________

концéртный зал ______________________

лóжа ______________________

музыкáнты ______________________

оркéстр ______________________

пýблика ______________________

партéр ______________________

певéц ______________________

певи́ца ______________________

перéдние ряды́ ______________________

зáдние ряды́ ______________________

прохóд ______________________

ряд ______________________

ряды́ ______________________

слýшатели ______________________

соли́ст ______________________

соли́стка ______________________

сцéна ______________________

Musikinstrumente

Wortschatz:

альт	*Bratsche*	мандоли́на	*Mandoline*
балала́йка	*Balalajka*	пиани́но	*Klavier*
ба́нджо	*Banjo*	попере́чная фле́йта	*Querflöte*
бараба́н	*Trommel*	роя́ль	*Flügel*
виолонче́ль	*Cello*	саксофо́н	*Saxophon*
гита́ра	*Gitarre*	скри́пка	*Violine, Geige*
гобо́й	*Oboe*	таре́лки	*Schallbecken*
горн	*Horn*	тромбо́н	*Posaune*
кларне́т	*Klarinette*	труба́	*Trompete*
колоко́льчики	*Glockenspiel*	уда́рные инструме́нты	*Schlagzeug*
контраба́с	*Kontrabass*	фаго́т	*Fagott*
лита́вры	*Kesselpauke*	фле́йта-пи́кколо	*Pikkoloflöte*

Schreiben Sie die Bezeichnungen der Instrumente neben das entsprechende Bild.

1. ____

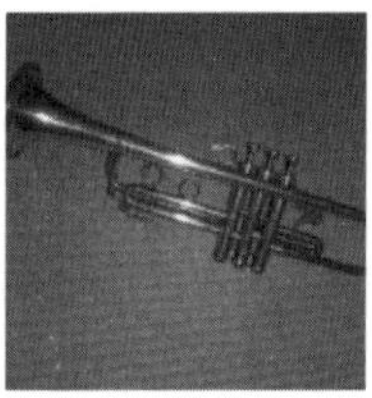

2. ____

3. ____

4. ____

Lösung: 1. скри́пка, 2. труба́, 3. роя́ль, 4. гита́ра

Ordnen Sie die Instrumente den zugehörigen Gruppen zu.

Saiteninstrumente:

Streich- und Zupfinstrumente:

Schlaginstrumente:

Blasinstrumente:

Holzinstrumente:

Blechinstrumente:

Schule/Universität

Wortschatz:

бума́га	*Papier*
гу́бка	*Schwamm*
дверь	*Tür*
дома́шние зада́ния	*Hausaufgaben*
заня́тия	*Unterricht*
каранда́ш	*Bleistift*
класс	*Klasse*
кни́ги	*Bücher*
мел	*Kreide*
окно́	*Fenster*
оце́нки	*Noten*
профе́ссор	*Professor*
пюпи́тр	*Pult, Lesepult*
рези́нка	*Gummi*
ру́чка (ша́риковая)	*Kugelschreiber*
скамья́	*Bank*
студе́нт, студе́нтка	*Student, Studentin*
су́мка	*Tasche*
табли́ца	*Tafel*
тетра́дь	*Heft*
уро́к	*Schulstunde*
уче́бный кабине́т	*Unterrichtsraum*
уче́бник	*Lehrbuch*
учени́к	*Schüler*
учи́тель	*Lehrer*
учи́тельница	*Lehrerin*

Tragen Sie die passenden Bezeichnungen ein.

1. ______________________

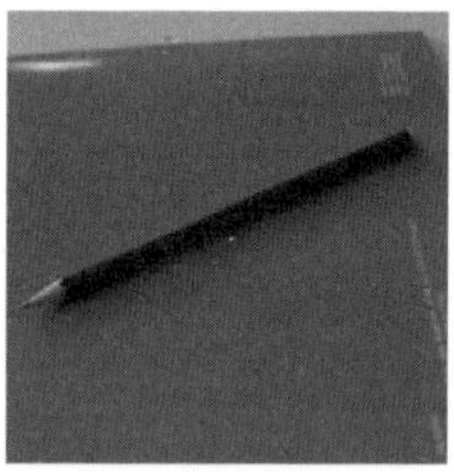

2. ______________________

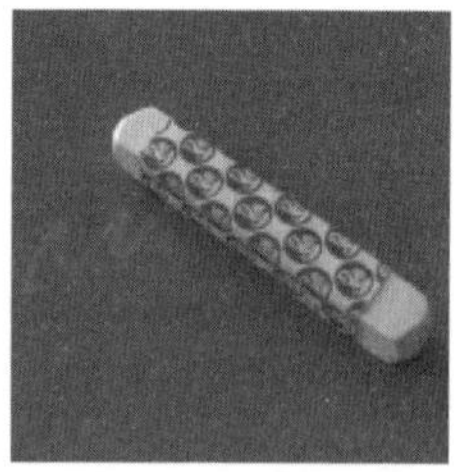

3. ______________________

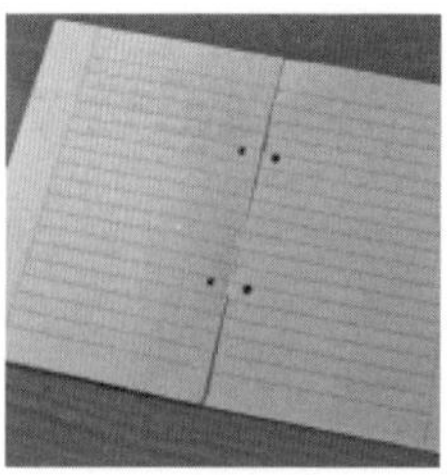

4. ______________________

5. ______________________

6. ______________________

Lösung: 1. окно́, 2. каранда́ш, 3. мел, 4. тетра́дь, 5. учи́тельница, 6. гу́бка

Wissenschaften

Wortschatz:

археоло́гия	*Archäologie*	психоло́гия	*Psychologie*
астроно́мия	*Astronomie*	слави́стика	*Slawistik*
биоло́гия	*Biologie*	социоло́гия	*Soziologie*
геогра́фия	*Geografie*	стати́стика	*Statistik*
геоло́гия	*Geologie*	фи́зика	*Physik*
информа́тика	*Informatik*	филоло́гия	*Philologie*
матема́тика	*Mathematik*	филосо́фия	*Philosophie*
медици́на	*Medizin*	хи́мия	*Chemie*
правове́дение	*Rechtswissenschaft, Jura*	эконо́мия	*Ökonomie*

Üben Sie die Fächer! Schreiben Sie sie auf!

археоло́гия	______________________	психоло́гия	______________________
астроно́мия	______________________	слави́стика	______________________
биоло́гия	______________________	социоло́гия	______________________
геогра́фия	______________________	стати́стика	______________________
геоло́гия	______________________	фи́зика	______________________
информа́тика	______________________	филоло́гия	______________________
матема́тика	______________________	филосо́фия	______________________
медици́на	______________________	хи́мия	______________________
правове́дение	______________________	эконо́мия	______________________

Bücher, Zeitungen, Zeitschriften

Wortschatz:

а́втор	*Autor*	коммента́рий	*Kommentar*
ано́нс	*Anzeige, Annonce*	корешо́к	*Buchrücken*
бу́квы	*Buchstaben*	обло́жка	*Umschlag*
газе́та	*Zeitung*	передова́я	*Leitartikel*
да́та	*Datum*	переплёт	*Einband*
журна́л	*Zeitschrift*	разворо́т	*Seitenpaar*
журна́ли́ст	*Journalist*	сно́ска	*Fußnote*
загла́вие	*Titel*	содержа́ние	*Inhaltsverzeichnis*
заголо́вок	*Überschrift*	статья́	*Artikel*
изда́тельство	*Verlag*	страни́ца	*Seite*
иллюстра́ция	*Illustration*	типогра́фия	*Druckerei*
кни́га	*Buch*	фельето́н	*Feuilleton*

Tragen Sie die passenden Bezeichnungen ein.

а́втор ____________________

ано́нс ____________________

бу́квы ____________________

газе́та ____________________

да́та ____________________

журна́л ____________________

журна́лист ____________________

загла́вие ____________________

заголо́вок ____________________

изда́тельство ____________________

иллюстра́ция ____________________

кни́га ____________________

коммента́рий ____________________

корешо́к ____________________

обло́жка ____________________

передова́я ____________________

переплёт ____________________

разворо́т ____________________

сно́ска ____________________

содержа́ние ____________________

статья́ ____________________

страни́ца ____________________

типогра́фия ____________________

фельето́н ____________________

Souvenirs

Wortschatz:

альбо́м	*Album, Bildband*	мехова́я ша́пка	*Pelzmütze*
безделу́шки	*Nippes*	наро́дное иску́сство	*Volkskunst*
видеофи́льм	*Videofilm*	откры́тка	*Ansichtskarte*
значо́к	*Abzeichen, Plakette*	плака́т	*Plakat*
ку́кла	*Puppe*	план го́рода	*Stadtplan*
карти́на	*Bild*	резно́е изде́лие	*Schnitzerei*
компа́кт-ди́ск	*CD*	самова́р	*Samowar*
ла́ковые изде́лия	*Lackwaren*	украше́ния	*Schmuck*
матрёшка	*Matrjoschka*	шкату́лка	*Schatulle*

Wie heißen die folgenden typischen Souvenirs?

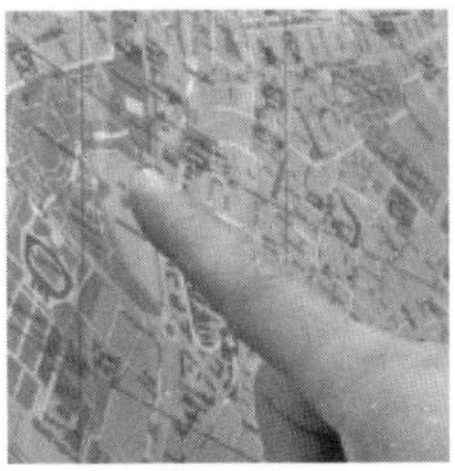

1. ____________________

2. ____________________

3. ____________________

4. ____________________

5. ____________________

6. ____________________

Lösung: 1. план го́рода, 2. матрёшка, 3. откры́тка, 4. мехова́я ша́пка, 5. украше́ния, 6. компа́кт-ди́ск

Wörter und Wendungen

Здрáвствуйте!	Seien Sie gegrüßt!
Здрáвствуй!	Sei gegrüßt!
Привéт!	Hallo!
Дóброе ýтро!	Guten Morgen!
Дóбрый день!	Guten Tag!
Дóбрый вéчер!	Guten Abend!
Спокóйной нóчи!	Gute Nacht!
До свидáния!	Auf Wiedersehen!
Покá!	Tschüss!

Как Вас/тебя зовýт?	Wie heißen Sie/heißt Du?
Меня зовýт...	Ich heiße...
Скóлько Вам/тебé лет?	Wie alt sind Sie/bist Du?
Мне...лет/год(а)	Ich bin...Jahre alt.
Откýда Вы приéхали?	Woher kommen Sie?
Откýда ты приéхал(а)?	Woher kommst Du?
Я приéхал(а) из...	Ich komme aus...
Где Вы/ты живёте/живёшь?	Wo wohnen Sie/wohnst Du?
Я живý в...	Ich wohne in...
Я приéхал на...	Ich bin mit ... gekommen.
автóбус	Bus
таксú	Taxi
трамвáй	Straßenbahn
машúна	Auto
пóезд	Zug
самолёт	Flugzeug
электрúчка	S-Bahn

Как делá?	Wie geht's?
Хорошó!	Gut!

Не о́чень.	Nicht so gut.
О́чень хорошо́.	Sehr gut.
Норма́льно.	Normal.
Пло́хо.	Schlecht.
Ничего́.	Es geht.
Отли́чно.	Ausgezeichnet.

Извини́/те.	Entschuldige/n Sie.
Спаси́бо.	Danke.
Пожа́йлуста.	Bitte.
Ско́лько это сто́ит?	Wie viel kostet das?
Где нахо́дится...?	Wo befindet sich...?
Как пройти́/прое́хать до...?	Wie kommt man zu/nach...?
гости́ница	Hotel
магази́н	Geschäft/Laden
музе́й	Museum
парк	Park
рестора́н	Restaurant
теа́тр	Theater
университе́т	Universität

Где Вы/ты рабо́таете/рабо́таешь?	Wo arbeiten Sie/arbeitest Du?
Я рабо́таю на/в...	Ich arbeite bei/in...
заво́д/фа́брика	Fabrik/Werk
фи́рма	Firma
банк	Bank
о́фис	Büro
шко́ла	Schule
изда́тельство	Verlag

Lösungen:

Seite 39

1. сорок восемь; 2. шестьдесят четыре; 3. девяносто два; 4. сто тринадцать; 5. двести тридцать пять; 6. триста девяносто девять; 7. четыреста восемьдесят один; 8. пятьсот пятьдесят пять; 9. шестьсот сорок четыре; 10. семьсот двадцать девять; 11. восемьсот четырнадцать; 12. девятьсот шестьдесят девять; 13. тысяча семьсот девяносто три; 14. две тысячи восемьсот шестьдесят; 15. четыре тысячи пятьсот одиннадцать; 16. один миллион сто двадцать шесть тысяч пятьсот девяносто шесть

Seite 40

1. Сегодня четверг, десятое сентября; 2. Сегодня воскресенье, тридцать первое декабря; 3. Сегодня вторник, двадцать шестое февраля; 4. Сегодня среда, второе января; 5. Сегодня понедельник, семьнадцатое августа; 6. Сегодня пятница, тридцатое ноября

Seite 43

1. шесть часов; 2. два часа; 3. десять часов тридцать минут (половина одиннадцатого); 4. четыре часа сорок пять минут (без пятнадцати пять); 5. двенадцать часов (полдень / полночь); 6. девять часов двадцать пять минут

Seite 44

A: Сколько времени?
B: Еще рано – без двадцати восемь.
A: Когда надо идти?
B: В восемь часов.

Seite 45

1. широкий – узкий; 2. тёмный – светлый; 3. мягкий – твёрдый; 4. короткий – длинный; 5. холодный – горячий; 6. интересный – скучный; 7. низкий – высокий; 8. тонкий – грубый; 9. весёлый – грустный; 10. плохой – хороший; 11. красивый – некрасивый; 12. слабый – крепкий

Seite 65
Mögliche Lösungen:

1. кухонный шкаф, холодильник, стол; 2. умывальник, стиральная машина, стул; 3. компьютер, письменный стол, принтер; 4. стенка, радио, торшер; 5. кровать, телевизор, шкаф; 6. диван, кресло, телефон; 7. проигрыватель компактных дисков, стол, стул; 8. полка, лампа, радио

Lernkärtchen

Schneiden Sie die Kärtchen entlang der gestrichelten Linie aus und üben Sie die Buchstaben unterwegs.

А, а *А, а*	Б, б *Б, б*	В, в *В, в*	Г, г *Г, г*	Д, д *Д, д*
Е, е *Е, е*	Ё, ё *Ё, ё*	Ж, ж *Ж, ж*	З, з *З, з*	И, и *И, и*
Й, й *Й, й*	К, к *К, к*	Л, л *Л, л*	М, м *М, м*	Н, н *Н, н*
О, о *О, о*	П, п *П, п*	Р, р *Р, р*	С, с *С, с*	Т, т *Т, т*
У, у *У, у*	Ф, ф *Ф, ф*	Х, х *Х, х*	Ц, ц *Ц, ц*	Ч, ч *Ч, ч*
Ш, ш *Ш, ш*	Щ, щ *Щ, щ*	ъ *ъ*	ы *ы*	ь *ь*
Э, э *Э, э*	Ю, ю *Ю, ю*	Я, я *Я, я*		

d (wie in *Dame*)	**g** (wie in *Granate*)	**w** (wie in *Wasser*)	**b** (wie in *Bruder*)	**a** (wie in *aber*)
i (wie in *Minute*)	**s** (wie in *sausen*)	**j** (wie in *Jury*)	**jo** (wie in *Johannes*)	**je** (wie in *jedoch*)
n (wie in *Nase*)	**m** (wie in *Maus*)	**l** (wie in *Lampe*)	**k** (wie in *Kunst*)	**j** (wie in *Jod*)
t (wie in *Tag*)	**s** (wie in *Sorte*)	**r** (wie in *Riese*)	**p** (wie in *Papa*)	**o** (wie in *rot*)
tsch (wie in *Tschechien*)	**z** (wie in *Zentrum*)	**ch** (wie in *Bach*)	**f** (wie in *Form*)	**u** (wie in *U-Bahn*)
weiches Zeichen	keine Entsprechung	hartes Zeichen	wie weiches ш	**sch** (wie in *Scheibe*)
		ja (wie in *Jammer*)	**ju** (wie in *Juwelier*)	**ä** (wie in *Ärger*)

Bildnachweis

Seite 4
russische Schriftzeichen: istockphoto.com

Seite 10
Mutter: istockphoto.com/ Julie de Leseleuc
Komet: istockphoto.com/ Michael Puerzer
Atom: istockphoto.com/ James E. Hernandez
Kakao: istockphoto.com
Tomate: istockphoto.com

Seite 14
Watte: EKS GmbH, Stuttgart
Wanne: EKS GmbH, Stuttgart
Roman: istockphoto.com/ Mike Bentley
Rockband: MEV Verlag GmbH, Augsburg
Ananas: EKS GmbH, Stuttgart

Seite 41
Illustrationen: Marlene Pohle, Stuttgart

Seite 43
Uhren: EKS GmbH, Stuttgart

Seite 47
schweizer Flagge: Comstock
finnische Flagge: istockphoto.com/ Ufuk ZIVANA
spanische Flagge: istockphoto.com/ Paul Cowan
deutsche Flagge: istockphoto.com/ Paul Cowan
italienische Flagge: Comstock
schwedische Flagge: Britta Anders, Mähringen

Seite 48
Brücke: istockphoto.com/ Gertjan Hooijer
Kirche: istockphoto.com
Hafen: istockphoto.com/ Jonas Engström
Haus: istockphoto.com/ Cindy England
Straße: Britta Anders, Mähringen
Straßenlaterne: Silke Deffur, Stuttgart

Seite 49
Grafik: Henrik Gallon, Stockholm

Seite 52
Pferd: istockphoto.com/ Jennifer Oehler
Esel: Michael Deffur, Hückelhoven
Kaninchen: istockphoto.com
Katze: istockphoto.com/ Ira Bachinskaya
Kühe: istockphoto.com/ Wouter van Caspel
Hund: istockphoto.com/ Leah-Anne Thompson

Seite 55
Person 1: istockphoto.com/ Valentin Casarsa
Person 2: istockphoto.com/ Jaimie D. Travis
Person 3: istockphoto.com/ Jaimie D. Travis
Person 4: istockphoto.com/ Lise Gagne
Person 5 : istockphoto.com/ Matt Ramos
Person 6 : istockphoto.com/ Peter Hansen

Seite 59
Milch : istockphoto.com
Bier : istockphoto.com/ Alex Bramwel
Sekt: Silke Deffur, Stuttgart
Wasser: istockphoto.com/ Andrea Leone
Wein: istockphoto.com
Saft: istockphoto.com/ Trevor Nielson

Seite 61
Gemüsesuppe: MEV Verlag GmbH, Augsburg
Obstsalat: MEV Verlag GmbH, Augsburg

Seite 64
Rose: istockphoto.com/Olga Kolos

Sonnenblume: Silke Deffur, Stuttgart
Tulpe: istockphoto.com

Seite 66
Hose: istockphoto.com/ Alvaro Heinzen
Jacke: istockphoto.com/ Lisa Kyle Young
T-Shirt: istockphoto.com/ Denisa Moorehouse
Socke: Martine Reijnders, Schwaikheim
Kleid: istockphoto.com/ Jennifer Trenchard
Hemd: istockphoto.com/ Paige Falk
Rock: istockphoto.com/ Louis Aguinaldo
Gürtel: EKS GmbH, Stuttgart

Seite 68/ 69
Boxer: istockphoto.com/ Mark Aplet
Radsport: istockphoto.com
Basketball: istockphoto.com/ James McQuillan
Laufen: istockphoto.com
Golf: istockphoto.com/ Ramsey Blacklock
Rudern: istockphoto.com/ mike patterson
Karate: istockphoto.com
Skisport: Britta Anders, Mähringen
Schwimmen: istockphoto.com/ Dana Fry
Fußball: istockphoto.com/ Lawrence Sawyer

Seite 74
Augenbraue: EKS GmbH, Stuttgart
Auge: EKS GmbH, Stuttgart
Ohr: EKS GmbH, Stuttgart
Lippen: EKS GmbH, Stuttgart
Hals: istockphoto.com/ Sharon Dominick
Zähne: EKS GmbH, Stuttgart

Seite 75
Statue: Rosienne Steensma, Scheveningen

Seite 76
Polizist: istockphoto.com/ Rene Mansi
Bäckerei: Julie Lam, Stockholm
Verkäufer: Britta Anders, Mähringen
Friseur: MEV Verlag GmbH, Augsburg
Krankenschwester: istockphoto.com
Professor: istockphoto.com/ Mark Evans
Arzt: istockphoto.com/ bonnie jacobs
Lehrer: istockphoto.com/ Sean Locke

Seite 79
Park: istockphoto.com/ mike koiston
Dirigent/ Oper: istockphoto.com/ David Rehner
Museum: istockphoto.com/ Renee Lee
Kino: istockphoto.com
Café: Julie Lam, Stockholm
Disko: istockphoto.com/ Marcin Tomaszuk

Seite 82
Geige: Fotoresearch RF (eyewire)
Trompete: Takeshi Yamakoshi, Plochingen
Klavier: Fotoresearch RF (eyewire)
Gitarre: Fotoresearch RF (eyewire)

Seite 84
Fenster: EKS GmbH, Stuttgart
Bleistift: EKS GmbH, Stuttgart
Kreide: EKS GmbH, Stuttgart
Heft: EKS GmbH, Stuttgart
Lehrerin: istockphoto.com/ Sharon Dominick
Schwamm: EKS GmbH, Stuttgart

Seite 87
Stadtplan: istockphoto.com/ Cindy England
Matrjoschki: istockphoto.com/ Carrie Winegarden
Postkarte: istockphoto.com/ manuel cazzaniga
Pelzmütze: istockphoto.com/ Valentin Casarsa
Schmuck: EKS GmbH, Stuttgart
CD: EKS GmbH, Stuttgart